J. MATHOREZ

NOTES

SUR

LES ITALIENS EN FRANCE

DU XIIIᵉ SIÈCLE JUSQU'AU RÈGNE DE CHARLES VIII

EXTRAIT DU *BULLETIN ITALIEN*

Tomes XVII et XVIII

Bordeaux :

FERET & FILS, ÉDITEURS, 9, RUE DE GRASSI

Grenoble : A. GRATIER & Cⁱᵉ, 23, GRANDE-RUE
Lyon : HENRI GEORG, 36-42, PASSAGE DE L'HÔTEL-DIEU
Marseille : PAUL RUAT, 54, RUE PARADIS | **Montpellier :** C. COULET, 5, GRAND'RUE
Toulouse : ÉDOUARD PRIVAT, 14, RUE DES ARTS
Lausanne : F. ROUGE & Cⁱᵉ, 4, RUE HALDIMAND

Paris :

FONTEMOING & Cⁱᵉ, 4, RUE LE GOFF

1918

NOTES SUR LES ITALIENS EN FRANCE

DU XIII⁰ SIÈCLE JUSQU'AU RÈGNE DE CHARLES VIII

Les ethnographes qui ont étudié la formation des populations française et italienne, dénient à juste titre la communauté d'origine des deux peuples et ne voient dans l'expression « nations sœurs et latines » qu'un terme vide de sens. Toutefois, ils reconnaissent que, malgré la diversité des éléments disparates qui ont concouru à former les deux nations, l'une et l'autre, ayant puisé leur génie aux mêmes sources, possèdent des affinités dérivant de la similitude de leur culture[1].

Suivant la thèse des ethnographes, les nations sœurs n'auraient qu'un lien de parenté très éloignée. Cependant, à bien examiner les faits, seuls, les besoins de la politique n'ont pas créé cette expression que le populaire s'est appropriée. Durant six siècles, les nations ont intimement mêlé leur sang; nombreuses ont été les familles françaises qui s'établirent en Italie et y firent souche, plus nombreuses encore ont été les familles italiennes qui, s'acclimatant sur le sol de France, infusèrent leur sang à celui de notre population. Ces alliances multipliées ont, entre les deux nations. créé des rapports de familles que le temps a sans doute espacés; il n'en est pas moins vrai que la continuité des émigrations italiennes en France et des infiltrations françaises dans la péninsule a établi entre les deux peuples une consanguinité telle que se trouve légitimée la véracité de l'expression populaire.

Depuis le xiii⁰ siècle, c'est-à-dire à dater de l'époque à laquelle se sont formés tout au moins les embryons des natio-

---

1 Lagneau, *Anthropologie de la France*, Paris, 1879, p. 122. — Finot *Le Préjugé des races*, Paris, 1906, p. 412.

J. MATHOREZ.

nalités, suivant le sens que les historiens modernes attribuent à ce mot, France et Italie ont mêlé le sang de leurs enfants. Au xvie siècle même, nos rois, qui avaient un instant rêvé de constituer l'Italie française ayant dû renoncer à ce décevant mirage, s'efforcèrent de faire la France italienne. Ils accueillirent dans leur royaume tous les péninsulaires qui s'y voulurent fixer. La manière trop amicale dont ils reçurent les Italiens et la prépondérance qu'ils leur laissèrent prendre provoqua même une crise nationaliste, mais si forte était déjà l'alliance contractée entre les deux pays que le mouvement d'hostilité contre les étrangers originaires d'au delà des Alpes dura peu de temps. Leur immigration en France ne fut pas enrayée comme le fut celle des Espagnols exécrés; il est vrai qu'en Marie de Médicis, Concini, Mazarin, voire même Colbert, les Italiens trouvèrent des protecteurs influents au xviie siècle. Plus tardivement, sans qu'ils aient eu besoin de s'appuyer sur de puissants ministres, les péninsulaires continuèrent à venir en France chercher des fortunes diverses, le courant de leur immigration ne se ralentit pas. Si ceux qui s'acclimatèrent dans notre pays, sous les règnes de Louis XV et Louis XVI, ne laissèrent pas dans notre histoire des noms aussi célèbres que leurs prédécesseurs, ils n'en contribuèrent pas moins à maintenir la vitalité de l'alliance entre les deux peuples.

Que l'origine des deux nations ne soit pas commune et ne puisse légitimer la parenté qu'on leur attribue, le fait est indiscutable; mais la constitution de la population d'un pays présente des analogies avec la formation du sol sur lequel elle vit. Le sol est formé de terrains primitifs et d'alluvions; or, de toutes les contributions alluvionnaires fournies à notre population par les étrangers, celle de l'Italie a été de beaucoup la plus remarquable comme durée et comme importance. De notre côté, nous avons vu partir maints Français qui se sont établis sur les rives de l'Adriatique ou la Riviera de Gênes; d'autres se sont fixés à Florence, à Rome et sur les bords du golfe de Naples. Ces mélanges de populations justifieraient à eux seuls la vérité du terme « nations sœurs et latines » quand bien même les événements politiques n'auraient pas mis en relief l'étroite union de deux peuples qui, bien que nés de mères différentes, ont toujours vécu en termes affectueux, assis à un commun foyer illuminé par la lueur éternelle que projette sur lui l'antique culture latine et hellénique.

C'est du règne de Charles VIII que l'on fait principalement dater la conquête pacifique de la France par les Italiens ; à vrai dire, depuis le début des guerres d'Italie le royaume reçut de la péninsule une incroyable quantité d'habitants qui, des coteaux de Toscane, des plaines de l'Émilie ou de la Lombardie comme des lagunes vénitiennes, s'infiltrèrent parmi les Français. Chaque année, chaque jour même, grâce à la faveur de la cour ou par l'entremise d'Italiens déjà nantis de situations, pénétraient dans nos provinces des péninsulaires de toutes conditions sociales. Ils arrivaient en quête de situations lucratives, de places, de dignités, de pensions ; promptement ils obtenaient les avantages qu'ils sollicitaient et la majeure partie de ces émigrants se fixaient à jamais en France. A nulle autre époque de notre histoire ne se précipita dans notre pays un flot d'étrangers aussi rapide que celui des Italiens au xviᵉ siècle. Toutefois, ce mouvement d'immigration a débuté bien antérieurement au règne de Charles VIII ; dès le xiiⁱᵉ siècle, dans les provinces que la patience monarchique devait agréger pour constituer l'ancienne France, on constata une infiltration continue de familles originaires de la péninsule. Au temps de Louis XI, par exemple, les éléments de population italienne étaient déjà fort nombreux dans le royaume, et ces immigrants avaient jeté les bases de ces puissantes colonies dont l'action politique, religieuse, artistique et sociale se fit sentir pendant plus de deux siècles ; ces groupements, en italianisant certaines régions, avaient préparé le règne de l'italianisme qui triompha après la première descente de Charles VIII en Italie.

Durant la période qui s'écoule de l'avènement de saint Louis à l'accession de Charles VIII au trône, les motifs les plus divers ont incité les habitants de la péninsule à franchir les Alpes ou traverser le golfe du Lion. Les uns ne font que passer en France, les autres s'y fixent sans conserver d'attaches avec leur mère-patrie. Étudier les mobiles qui ont incité les Italiens à s'établir parmi nous, montrer brièvement l'importance de leur immigration depuis le xiii° siècle jusqu'à l'époque de Charles VIII, tel est le double but que je me propose au cours de ces notes. Tout en demeurant sur le terrain de l'histoire démographique, il m'a cependant paru difficile de séparer l'histoire ethnographique du peuple français de son histoire morale et intellectuelle, partant, de négliger les premières influences qu'il a subies de la part des étrangers d'outre-monts.

Les péninsulaires stables ou itinérants ont parfois exercé sur nos mœurs une influence qu'on ne saurait dédaigner. Au cours des siècles, la France a marqué sur tous les peuples européens une empreinte suffisamment profonde pour que l'on ne craigne pas de noter les réactions que nos voisins ont eues sur nous. Or, de toutes les influences étrangères qui se sont manifestées en France, celle de l'Italie a été la plus marquée et la plus durable : la plus marquée, car les deux nations ayant puisé leur culture au même fonds commun, il n'est pas surprenant que nous ayons aisément adopté les conceptions italiennes les transformant conformément à nos propres traditions; la plus durable, car une constante immigration de Florentins, de Génois, de Napolitains et de Vénitiens a maintenu le contact permanent entre les deux peuples.

De longue date, l'infiltration italienne en France a préparé ce mouvement qui, sous l'effet de causes politiques, aboutit au xvi° siècle à l'éclosion de la plus importante des conquêtes pacifiques du royaume par des étrangers.

I

Les premiers éléments de population italienne que l'on rencontre en France sont fournis par les Lombards; sous cette dénomination étaient compris les citoyens d'Asti, de Chieri, de Sienne et de Lucques spécialement adonnés au négoce des espèces et des marchandises les plus diverses. Ces Lombards se répandirent à travers le monde dès le x° siècle, époque à laquelle on signale déjà leur présence en France. Dans les débuts, ces négociants étrangers vinrent simplement commercer dans les villes, puis ils s'infiltrèrent, lentement d'abord, dans les cités méridionales dont les relations avec l'Italie étaient continuelles; les foires de Champagne les attirèrent ensuite comme elles attiraient les trafiquants de tous pays. Après un travail de pénétration de près de deux siècles, les Lombards finirent par s'emparer de la majeure partie des affaires commerciales des régions dans lesquelles ils passaient primitivement et peu à peu ils s'implantèrent dans chacune de nos provinces.

L'auteur d'une monographie fort érudite consacrée aux Lombards dans les Deux-Bourgognes [1] conclut un des chapitres de son œuvre par les phrases suivantes : « Nombre de familles lombardes acclimatées, — acceptées par la population à laquelle elles avaient rendu maint service, si elles avaient, en revanche, prélevé largement la dîme sur sa fortune, — perdirent toutes relations avec la mère-patrie et s'incorporèrent au sol. Les emplois confiés par les souverains, la communauté de religion et d'origine furent pour beaucoup dans ce résultat... C'est par centaines que des familles bourgeoises ou rurales des Deux-Bourgognes, issues de marchands italiens, se retrouvent dans les documents des xiv-xve siècles. »

Cette conclusion peut être généralisée. Malgré les difficultés faites aux Lombards, les poursuites dont on les menaça fréquemment, les proscriptions que certains souverains prononcèrent contre eux, la haine dont un peuple, parfois aveugle, les entoura, ces Italiens parvinrent à prendre pied dans toutes les provinces, à se faire accepter et à s'allier aux familles bourgeoises ou aristocratiques des pays où ils s'installaient. Leur immigration en France a duré plus de deux siècles, et si nombreux ils vinrent dans le royaume qu'il serait surprenant que tous aient regagné leur pays d'origine. Au demeurant, les documents prouvent que bon nombre de ces Italiens ont, après quelques générations, établi leur foyer

1. Léon Gautier, *Les Lombards dans les Deux-Bourgognes*; Bibl. de l'École des Hautes Études, fasc. CLVII, Paris, 1906, p. 142.

définitif en France; au xvi° siècle, comme sous le règne de Louis XIV, on retrouve des familles dont les aïeux ne furent autres que ces habiles commerçants.

Les études parues sur la nature du commerce des Lombards et l'organisation de leurs sociétés sont si multiples qu'il serait superflu de redire à nouveau ce que d'autres ont excellemment dit. M'aidant des recherches effectuées, je me bornerai à montrer brièvement la manière dont ces commerçants étrangers se sont mêlés à la population après avoir primitivement supporté des vexations analogues à celles que subirent les Juifs, dont, d'ailleurs, ils étaient totalement différents [1].

Au début de leur installation en France, les Lombards eurent à subir des avanies pour ainsi dire constantes. Elles décrurent ensuite et les vexations se transformèrent en opérations de police souvent suggérées par les conseillers financiers de souverains aux abois. En échange d'une liberté qui, dans le principe, leur fut marchandée, on exigea des Lombards des taxes et des impôts présentant quelques analogies avec les « avanies » imposées aux étrangers qui commercèrent dans les Échelles du Levant après l'établissement du régime des Capitulations. Il est à remarquer, cependant, que les souverains français, même les plus hostiles aux Italiens négociant sur leur domaine, se réservèrent fréquemment, moyennant finances, la possibilité de maintenir quelques-unes des prérogatives que l'habileté des Lombards leur avait acquises. Le peuple, lui-même, malgré ce mépris qu'il porta aux usuriers italiens, ne confondit pas dans ses manifestations hostiles ceux qui le pressuraient et ceux qui entretenaient la prospérité de leurs cités. Aux lamentations des jongleurs et des poètes, qu'ils se nomment Aimeri de Narbonne, Ogier le Danois,

---

1. Parmi les études que j'ai principalement consultées, je citerai les suivantes : Piton, *Les Lombards en France et à Paris,* 1892. — Léon Gautier, *Les Lombards dans les Deux-Bourgognes.* — P. Morel, *Les Lombards dans la Flandre française et le Hainaut.* Lille, 1908. — J. Viard, *Comptes du trésor de Philippe VI.* Coll. des documents inédits. — G. Yver, *Le Commerce et les Marchands dans l'Italie méridionale au XIII° et au XIV° siècle,* Bibl. des Écoles françaises d'Athènes et de Rome. Fasc. 88. Paris, 1903. — Dans la Bibliothèque de l'École des Chartes, t. L, p. 147, il a été publié, sous le titre : *Les Lombards en France aux XIII° et XIV° siècles,* des documents extraits des archives de Milan.

Charles d'Orléans ou Villon, on pourrait opposer des documents certains prouvant que maintes fois les habitants des villes protestèrent contre l'expulsion de ces auxiliaires utiles à leur négoce.

Aux environs de l'an 1275, les Lombards sont installés dans toutes les villes où il est possible de pratiquer le commerce. Proavo Guidi, Nicolas, son frère, les Reveri et leurs associés obtiennent, moyennant redevance payée à l'abbé de Cerisy, le droit de se livrer à tout négoce et aux opérations de prêts [1]. A Saint-Omer, les Lombards ont des établissements en 1277 [2]. Gui de Dampierre, leur débiteur, favorise leur installation dans le nord de la France en 1283 [3].

Dans le Midi, à Montpellier, à Nîmes comme à Toulouse, Carpentras ou Avignon, les Lombards ont des comptoirs prospères [4]. Les relations de Marseille avec l'Italie sont si fréquentes que les Italiens ont, au xiiie siècle, une loge dans le grand port méditerranéen. A Narbonne, les Lombards se sont déjà mêlés à la population autochtone dès le règne de saint Louis, et lorsqu'en 1274 on pourchasse les étrangers établis dans cette place commerçante, les habitants font valoir que certains Lombards, citoyens de la ville, y sont fixés depuis vingt-cinq ans, y ont pris femme et vivent à Narbonne avec leurs enfants [5].

Maintes fois, on a signalé l'organisation des sociétés de Lombards établis à Troyes, centre le plus important des foires de Champagne [6]; en Bretagne, les ducs avaient autorisé les Lombards à fonder des comptoirs à Nantes, à Quimper, à Dinan et Guingamp [7].

A dater du milieu du xiiie siècle, le citoyen d'Asti envahit le comté de Bourgogne avec méthode et discipline; il va

---

1. Lepingard, Contrat du 7 août 1273, publié dans *Choses et autres relatives à Saint-Lô* (S. L. N. D.).

2. Payant d'Hermansart, *Lettre de Philippe le Hardi sur les Lombards établis à Saint-Omer* (1277). Extrait du *Bulletin historique et philologique*, année 1896.

3. P. Morel, *op. cit., passim.*

4. Piton, *op. cit., passim.*

5. Celestin Port, *Essai sur le commerce maritime de Narbonne*, Paris, 1854, p. 173.

6. Bourquelot, *Essai sur l'histoire des foires de Champagne.*

7. Du Cange, *Glossarium*, vº *Lombards.*

bientôt régner sur le pays. A Besançon, Auxonne, Luxeuil, Montbéliard, à Dôle, à Arbois, les Asinieri, les Guttueri, les Scaglia, les Tomasini, les Isnard opèrent pour leur compte et pour celui des grandes sociétés des Baldi, des Scali ou des Peruzzi [1]. Dans le duché de Bourgogne ; l'activité des commerçants lombards se porte vers les villes de Dijon, Saint-Jean-de-Losne et d'autres de moindre importance. C'est à Seurre que les Asinier fondèrent leur premier établissement stable dans le duché de Bourgogne ; en 1280, Philippe de Vienne, lorsqu'il vendit sa terre de Pagny au duc Robert II, avait supplié son acheteur d'autoriser les Lombards à y créer une maison de banque [2].

Au XIIIe siècle, les Lombards vivaient nombreux à Paris ; d'après les rôles d'imposition déjà publiés, on constate qu'ils se tenaient groupés dans les environs des rues Saint-Merri et Aubry-le-Boucher et dans ce quartier voisin de la rue des Lombards dont le nom est un souvenir de leur présence. Ils exerçaient les professions de changeurs, d'armuriers, de courtiers de chevaux ; quelques-uns étaient hôteliers, cordonniers, taverniers, d'autres vendaient merceries et épiceries. Tous n'étaient pas soumis à la taille, parmi les Lombards figuraient quelques gentilshommes. On peut juger de l'importance de la colonie lombarde de Paris d'après le seul chiffre de ceux soumis à la taille ; le rôle de l'an 1299 comporte plus de deux cent cinquante noms d'Italiens taxés. Ce chiffre est au-dessous de la réalité, car dans bien des cas l'impôt est établi comme suit : « Huguenin Clava de Lucques et ses compaignons », « Landuche et ses compaignons ». De cette foule de compagnons lombards, la plupart sans doute perdirent toute attache avec l'Italie et firent souche à Paris [3]. Plusieurs, d'ailleurs, ont laissé une descendance que l'on connaît.

A peine les Lombards avaient-ils pris pied en France, que leur richesse et leur habileté commerciale excitèrent des

1. Léon Gautier, *op. cit.* ch. III [en entier].
2. Léon Gautier, *op. cit.*, p. 44.
3. Piton, *op. cit.*, p. 123-156.

jalousies; les habitudes d'usure de maints d'entre eux, la manière maladroite dont certains réalisaient les gages hypothécaires ou les nantissements que leur avaient confiés des seigneurs ayant accompagné saint Louis à la croisade, déterminèrent contre eux un courant d'opinion hostile. Après leur avoir donné trop de facilité pour s'immiscer dans leurs États, les souverains essayèrent de réagir contre ces négociants qu'on estimait encombrants. Comme toujours, la réaction fut trop violente; dans les mêmes poursuites, on engloba Lombards honnêtes et vils usuriers; mais ainsi qu'on a souvent pu le remarquer, les habitants des villes, après s'être un moment réjouis du départ des étrangers, regrettèrent rapidement leur exode. Saint Louis, sur ses dernières années, Philippe le Hardi, au cours de son règne, s'étaient montrés très durs à l'égard des Lombards; peu à peu on reconnut les services qu'ils rendaient, on régularisa leur situation, la coutume leur donna un statut. Impôts spéciaux, permissions temporaires d'exercer le négoce, taxation de leurs opérations, taille, emprunts forcés constituèrent une sorte de rançon exigée de ces forains qui s'enrichissaient trop rapidement. Malgré certaines préventions officielles que Philippe le Bel nourrissait encore au regard des Italiens et qui, en 1291, le conduisirent à les faire tous arrêter, puis relâcher; ce fut sous son règne qu'à force de diplomatie, d'adresse, de dons volontaires, les Lombards commencèrent à jouir de la faculté de vivre sans continuelles appréhensions. Ils achetèrent d'autant plus facilement leur liberté qu'après la disparition des Templiers, l'industrie du prêt d'argent resta entre leurs mains et celles des Juifs. Grâce à leur générosité volontaire ou contrainte, les Lombards trouvèrent auprès du roi un appui, car il reconnaissait en eux des qualités d'activité et de dextérité qu'il mit souvent à profit.

Philippe le Bel, en effet, utilisa fréquemment les conseils de Biche et Mouche; il puisa dans leur bourse, se servit d'eux comme ambassadeurs. A d'autres Lombards, le roi confia des fonctions très diverses, il les chargea fréquemment du soin de récupérer des impôts : Betin Cassinel fut maître des monnaies de Toulouse; Cathelin Infanghatin, Philippe son père, Donato Bruneti, Gandouffle d'Arcelles, remplirent pour le roi de multiples missions.

Si nombreux d'ailleurs s'étaient glissés les Lombards dans les fonctions publiques qu'en 1323, le roi Philippe V déclara que les clercs du trésor ne pourraient plus être choisis parmi les étrangers. Mais le signataire même de cette ordonnance fut le premier à prendre des libertés avec le texte qu'il avait édicté; quant à ses successeurs, ils ne s'en soucièrent aucunement. Les *Journaux des comptes du trésor de Philippe VI* qui ont été publiés ne laissent subsister aucun doute à cet égard.

Comme le roi agissent les grands feudataires de la couronne; des maîtres de monnaie lombards sont par eux pourvus de charges dans le temps même que Philippe le Bel octroie des charges aux Italiens : Bonseigneur, de Sienne, Contat Lerignon, de cette ville, le Lucquois Nieppe Baignel apparaissent dans des accords relatifs aux monnaies de Valenciennes[1]; à Rouen, à Toulouse, des agents de finances sont fréquemment choisis parmi les Lombards; les Asinier, les Moreti, les Scaglia tiennent en Bourgogne des emplois financiers, il en est de même des Ysnard[2].

Advenant le premier tiers du xiv° siècle, la situation des marchands italiens s'était suffisamment affermie pour que certains d'entre eux prissent l'initiative de fonder à Paris des bourses d'études pour leurs compatriotes. Vers 1334, furent créées à Paris onze bourses de quinze florins pour des Italiens; trois proviseurs, l'un toscan, l'autre romain, le troisième lombard, étaient chargés d'administrer cette fondation, dont André Ghini, évêque d'Arras, François de l'Hopital, de Modène, Renier de Pistoie et Manuel Rolland, de Plaisance, avaient été les promoteurs. Les étudiants désireux de profiter de ces bourses devaient habiter rue des Carmes, dans l'immeuble du Mont-Saint-Hilaire qui, par la suite, prit le nom de Collège des Lombards. Très nombreux au xiv° siècle furent

---

1. P. Morel, *op. cit.*, *Pièces justificatives* : Liste des Lombards ayant exercé dans les Flandres.
2. Léon Gautier, *op. cit.*, pp. 75 à 161.

les jeunes hommes qui, d'Italie, vinrent étudier à Paris, mais après la guerre de Cent ans, nos universités furent abandonnées par eux; Padoue comme Pavie retinrent les péninsulaires studieux. La fondation de Paris fut mal administrée et, au xviie siècle, les proviseurs du Collège des Lombards cédèrent leur institution à un Irlandais qui y recueillit ses compatriotes immigrés à Paris. L'ancien collège des Lombards fut alors transformé en Collège des Irlandais.

Pour être assurés de jouir paisiblement des biens qu'ils avaient amassés et de les transmettre librement à leurs héritiers, des Lombards, au xive siècle, commencèrent à solliciter des lettres de naturalité ou, du moins, ce qui en tenait lieu à cette époque, c'est-à-dire des lettres de bourgeoisie. Philippe V et Charles IV octroyèrent à quelques-uns d'entre eux le titre de bourgeois du roi. Philippe VI multiplia cette faveur. Dans le principe, le roi leur accorda le titre de bourgeois de Paris; puis, peu à peu, au fur et à mesure que se développa son autorité, il conféra ce droit d'une manière plus large. Les Lombards obtinrent des lettres de bourgeoisie pour Paris, Montpellier, Nîmes; quelques années plus tard, les lettres royales mentionnèrent toutes les villes soumises à son autorité.

Le droit de bourgeoisie comportait des privilèges financiers fort appréciables. Naturalisés, les Lombards devaient être tenus pour régnicoles et exemptés du droit du denier pour livre qui frappa d'abord leurs opérations commerciales et fut ensuite doublé. Le droit de bourgeoisie, comme plus tard la naturalisation, était accordé à titre précaire; c'était un acte gracieux de la part du souverain, et à chaque changement de règne il importait au nouveau régnicole d'obtenir confirmation de la mesure qui le concernait.

François de la Porte, Lombard de Plaisance, reçoit, en 1328, le titre de bourgeois de Paris[1], Jacques Lanfranc des Chiarenti, de Pistoie, est également bourgeois dans les mêmes temps[2]. Au mois de décembre 1328, Philippe VI confirme les lettres

---

1. J. Viard, *Documents parisiens du règne de Philippe VI de Valois*, publication de la Société d'Histoire de Paris, t. I, p. 21.
2. *Ibid.*, t. I, p. 18, acte de juillet 1328.

de bourgeoisie accordées par Philippe V et Charles IV à Philippe de Flaganaste, natif de Lombardie et marié à la fille de Georges de Palarye[1]. Trois ans plus tard, semblable confirmation est octroyée à Fava et aux autres Italiens établis comme fabricants de draps au faubourg Saint-Marcel à Paris[2].

En suivant année par année les actes du règne de Philippe VI, on rencontrerait fréquemment des lettres de bourgeoisie octroyées à des Italiens. C'est sous son règne que de simples merciers, qui s'élevèrent aux fonctions les plus hautes, obtinrent pour eux et leur descendance le titre de bourgeois de Paris. En une seule fois, en 1340, Philippe VI accorda des lettres de bourgeoisie aux cinq enfants de Charles Uso di Mare : Ottebone, Picamel, Leonard, Ysnard et Conradin. La famille Uso di Mare était originaire de Gênes; jadis elle avait transporté sur ses vaisseaux les troupes que saint Louis emmenait sur les rivages africains; si Philippe VI avait oublié ce service rendu à son aïeul, il payait aux Génois une dette personnelle de reconnaissance, car beaucoup d'entre eux, sortis des grandes familles de la république, étaient alors nos alliés.

La bienveillance de Philippe VI ne s'étendait pas aux seuls Génois. Barthélemy Spifame, originaire de Lucques, obtenait, en 1349, le titre de bourgeois de Paris, de Nîmes, de Montpellier et de tout le royaume. Les Spifame ont fait en France souche nombreuse; leur nom est mêlé à l'histoire financière des xive et xve siècles; au xvie siècle, plusieurs frères Spifame habitaient encore Paris; l'un d'eux fut évêque de Nevers, puis, jetant le froc aux orties, se convertit au protestantisme et alla mourir misérablement à Genève avec sa maîtresse; un autre fut chancelier de l'Université de Paris; un troisième, Raoul Spifame, qui vivait au temps de Henri II, a laissé sous forme de pamphlet un fort curieux programme de réformes sociales, politiques et économiques[3].

---

1. J. Viard, *op. cit.*, t. I, p. 26, acte de décembre 1328.

2. *Ibid.*, t. I, p. 104. La requête de Fava vise un autre Fava (Jacobus) et « Colinus Usimbardi de Florencia ».

3. Sur les Spifame, cf. Tuetey et Campardon, *Les Insinuations du Châtelet*, v° Spifame. — J. Mathorez, *Un radical socialiste au XVIe siècle : Raoul Spifame*, dans la *Revue politique et parlementaire*, mars 1913.

Ainsi que les Spifame, les Cassinel s'acclimatèrent en France; ils étaient solidement implantés bien avant la guerre de Cent ans. Betin Cassinel, originaire de Lucques, commença l'extraordinaire fortune d'une famille dont on peut suivre la descendance dans le royaume. Betin était en France avant l'an 1287; successivement monnayeur du roi, pannetier de Philippe le Bel, maître de la monnaie de Toulouse, il mourut en 1312, laissant des enfants qui se fixèrent définitivement à Paris; parmi les arrière-petits-fils de ce Lucquois, on compte un pair de France, Ferry Cassinel, qui fut évêque d'Auxerre et archevêque de Reims. Fait curieux à constater, les descendantes de la famille Cassinel fournirent des maîtresses à Charles V et au dauphin Louis, duc de Guyenne; Louise Mallet qui partagea la couche de François Ier et Henriette d'Entragues, duchesse de Verneuil, maîtresse de Henri IV, descendaient également de la famille Cassinel[1].

Énumérer tous les Lombards qui ont fait souche en France paraît chose impossible; il faudrait écrire l'histoire de chacun d'eux. Les Ysbarre, riches propriétaires de Paris dès le début du xve siècle, descendaient de Lucquois venus en France à la suite de Charles de Valois. Philippe V leur avait donné des lettres de sauvegarde dès 1319, et sous le règne de Philippe VI de nombreux financiers de cette famille apparaissent dans les comptes. A Tournai, à Rouen, à Paris, on rencontre des Ysbarre; Gérard, en 1404, était bourgeois de Paris, il y possédait des immeubles et des rentes. Comme beaucoup de Lombards de l'époque, il répandit ses bienfaits sur le monde ecclésiastique; il légua notamment des biens aux Augustins de Paris qui l'inhumèrent dans leur chapelle[2].

Les Orlant sont mentionnés dans les comptes de l'année 1339. Henri Orlant était l'un des plus grands financiers du xive siècle. En rapports constants avec les princes qui lui achetaient des bijoux, qu'en cas de besoin ils lui revendaient ensuite, prêteur d'argent, Henri Orlant était valet de chambre de

1. Piton, *op. cit.* L'auteur a établi, p. 120-1, une curieuse généalogie des Cassinel et de leur descendance.

2. L. Mirot, *Les d'Orgemont, leur origine, leur fortune.* Paris, 1913. L'auteur a donné de nombreux détails sur les Ysbarre, notamment p. 172.

Philippe le Hardi. Il était allié aux plus vieilles familles bourgeoises ; sa femme était la sœur de Martin Double, avocat et conseiller du roi ; ses enfants s'établirent dans la même bourgeoisie ; l'un de ses fils, Philippot, fut compromis dans l'insurrection cabochienne ; un autre, Thomassin, qui avait pris parti pour les Bourguignons, revint à Paris lorsque ceux-ci y rentrèrent et, en 1420, il fut maître des monnaies[1].

De tous côtés s'établissaient, de manière stable, des familles italiennes. Dans le Blésois, les Angossoli ou d'Angoissoles, venus avec Valentine de Milan, prenaient pied à la fin du xive siècle ; Renier Accorre, financier, se fixait à Provins ; les Calciati occupaient à Clermont une haute situation et transformaient leur nom en celui de Chauchat. Comme les Calciati, les Scaglia de Bourgogne n'étaient bientôt plus connus sous leur nom familial ; l'un de leurs descendants, qui exerça les fonctions de gruyer de Bourgogne entre 1338 et 1349 et fit souche de gentilshommes, fut appelé Nicolet de Florence. Les Ardeçon, originaires d'Ivrée en Piémont, comblés de bienfaits par Philippe le Bel, demeurent en France après avois acquis des terres. Les Asinier agirent comme les Ardeçon. Dimanche Asinier, chevalier en 1336, eut dix enfants, cinq fils et cinq filles, dont les descendants appartinrent à la noblesse. L'un des fils de Dimanche Asinier fut même chancelier de Bourgogne en 1360. Tous les admirateurs du triptyque de Beaune peuvent encore contempler les traits d'une petite-fille de Dimanche Asinier ; celle-ci avait épousé Nicolas Robin, et Roger van der Weyden a, de son pinceau délicat et réaliste, immortalisé les traits des deux époux[2].

A Sisteron, Gandolphin, Boniface, Étienne de Soler, d'Asti trafiquaient au xive siècle. Ainsi, en parcourant toutes les provinces de France, celles du Midi comme celles du Nord, il serait aisé de constater qu'au temps de Charles V et de Charles VI, les Lombards étaient définitivement implantés en France[3]. Si parfois ils subissaient quelques vexations, elles ne visaient

1. L. Mirot, *op. cit.*, p. 170.
2. L. Gautier, *op. cit.*, *passim*.
3. De Laplane, *Essai sur l'histoire municipale de la ville de Sisteron*. Appendice, p. 207.

plus que ceux qui, s'adonnant à l'usure, compromettaient le renom de cette population active et déjà bien posée dans les villes et les campagnes. Charles V, par une ordonnance accorda bien une remise des dettes contractées vis-à-vis des Italiens, mais à cette mesure il ne convient pas d'attribuer une portée trop générale; elle ne visait que les usuriers, car lui-même s'approvisionnait de soieries chez Bernard Belenati, de Lucques, bourgeois de Paris. C'est de lui qu'il acquérait des velours pour sa « très chière et très amée compaigne la royne »[1]. A Dyne Rapondo il achetait des « bandequins larges pour se faire peliçons »[2]; Charles V décernait le titre de bourgeois de Paris et de Montpellier à Jacques et Symon Gherardi[3], frères, natifs de Florence.

Sous le règne de Charles V se fixèrent en France Johanni di Cino et Gussonne de Richiis, de Florence; à la requête du duc d'Anjou, ils obtinrent l'autorisation de circuler, demeurer et commercer dans le royaume. Serviteurs dévoués de Charles V et surtout de Charles VI, les Cygne ont été nombreux en France. Bernard de Cygne était banquier de Charles VI, il avançait les fonds nécessaires aux démarches entreprises par le roi lorsqu'il s'agit de marier le comte de Valois avec Marie de Hongrie; en 1396, il achetait à Paris la maison de Buanaccorso Pitti et lorsque celui-ci revint comme ambassadeur en France, ce fut, en 1407, Bartolo di Bernardo di Cino qui lui prêta de quoi payer ses dettes de jeu. Charles VII employa des descendants des Cino; Jean de Cygne fut successivement son écuyer d'écurie et son premier maître d'hôtel; il se maria en France. Maints autres membres de cette famille florentine apparaissent dans les documents des xive et xve siècles; les seigneurs de Morestel, en Dauphiné, descendent de cette famille italienne[4].

Au xve siècle, des confins de l'Empire aux rives de l'Océan,

1. Léopold Delisle, *Mandements de Charles V*, coll. des documents inédits, actes 28 520, 612, 618, 672, 715, 736, etc.

2. *Ibid.*, actes 1238, 1245, 1266, 1330, 1345, etc.

3. *Ibid.*, acte 187, de février 1364.

4. Léon Mirot, *Notes sur une famile florentine établie en France au XIVe siècle* dans *Mélanges de l'École française de Rome*, année 1916.

dans la Provence comme en Normandie, les Lombards ou mieux les Italiens sont acceptés partout; beaucoup sont entrés dans les familles françaises et ont modifié leur nom. A Lille les Becquet, les Bęsutz, Jean Fallet étaient banquiers et négociants; Raphaël de Drue et le Piémontais Jean Merle commerçaient à Douai; dans toute la Flandre, se rencontrent les Ville, d'origine piémontaise. Peu à peu, les concessions précaires autorisant les Italiens à résider et négocier dans le Nord furent constamment renouvelées et la durée de leurs permis de séjour fut prolongée[1].

En Provence, les comptes du roi René mentionnent de très nombreuses acquisitions faites aux Lombards; ils habitent Marseille, Aix et Toulon. Le roi accueille les Italiens à la cour, il leur fait jouer du luth, du passe-passe, il écoute leurs chants avec plaisir[2]. Les Lombards ne sont-ils pas capables de tout entreprendre? On les rencontre comme banquiers, négociants, musiciens, médecins, voire comme joueurs d'échecs; ils ont même la réputation d'être les meilleurs joueurs d'échecs du xvᵉ siècle. Est-il las de rêver ou d'écrire, Charles d'Orléans annote le traité de ce noble jeu écrit par Nicolas de Nicolaï et, pour se distraire, il mande à sa cour de Blois Juvenal Negro, professionnel qui joue de loin et de mémoire[3].

Baude de Guy et le Génois Jean Sacco, dit Jean Sac, étaient deux Italiens que le duc Jean de Berry tenait en haute estime[4]. Il leur achetait fréquemment des orfèvreries; pour son compte, ces Italiens centralisaient impôts et redevances. Jean de Berry témoignait son amitié à Baude de Guy et à sa femme en leur faisant de nombreux cadeaux.

En Bretagne, Jean V anoblit le Génois Jehan d'Aragonys, établi à Guérande; pour satisfaire ses goûts de luxe et par nécessités politiques, François II emprunte des sommes impor-

---

1. Paul Morel, *op. cit.* L'auteur a donné à la fin de son étude une liste des Lombards qui ont tenu des maisons de banque dans le nord de la France.

2. Abbé Arnaud d'Agnel, *Les Comptes du roi René*, actes 222, 225, 235, 248, 321, 3025, 3322, 3418.

3. Pierre Champion, *La Vie de Charles d'Orléans*. Paris, 1912, p. 476.

4. J. Guiffrey, *Inventaire du duc Jean de Berry*. Paris, 1894-6, *passim*.

tantes à Barthélemy Frescobaldi, Bartholdi et Thebaldi, changeurs à Nantes. Dans cette cité, déjà importante par son commerce au xvᵉ siècle, un Lucquois, Jacques Thomecy, réalise sur le trafic des vins de Bourgogne, de Ris et d'Orléans une fortune suffisante pour lui permettre de fonder la chapelle et l'autel Saint-Sauveur au couvent des Carmes[1].

Il serait vain de multiplier outre mesure les noms des Lombards; deux cents ans durant, la France a été pacifiquement envahie par ces professionnels de la banque, du courtage et de la commission; aucune province où bénéfices étaient à espérer ne fut négligée par les Lucquois, les Astesans ou les Siennois; peu à peu, ces Lombards ont acquis le droit de cité et se sont fondus dans la population.

A côté d'eux, les Florentins, qu'il faut distinguer des Lombards, car ils ont constitué des groupements distincts, avaient en France des organismes spéciaux. Très nombreux étaient ceux qui résidaient dans les villes commerçantes et y pratiquaient certains des « arts » honorés à Florence; ils préparaient les voies pour leurs innombrables compatriotes qui, depuis le règne de Louis XI jusqu'à la mort de Henri IV, devaient venir se fixer dans le royaume.

Florence a eu avec la France des relations commerciales très anciennes; bien avant que les « arts » prissent part au gouvernement de la cité, ils y tenaient une place considérable, chacun avait sa juridiction propre, ses consuls, ses officiers, ses agents subalternes. Plusieurs étaient représentés dans notre pays.

Le plus ancien « art » de Florence est celui de la marchandise des draps français, *arte di calimala* ou *arte de' mercanti di panni francesi*. Dès le xiᵉ siècle, les Florentins avaient des acheteurs aux foires de Champagne; un peu plus tard, l'art de la *calimala* était représenté en France par deux consuls, choisis parmi les marchands y résidant; leur élection était notifiée à tous les Florentins habitant en France et c'est à eux

---

1. J. Mathorez, *Les Italiens à Nantes et dans le pays nantais*, extrait du *Bulletin italien*, avril-juin 1913, p. 13. — Abbé Durville, *Études sur le vieux Nantes*, Nantes, 1915, t. II, p. 149.

qu'ils s'adressaient en cas de contestations. Ces négociants en draps passaient leurs commandes aux manufactures et lorsque les marchandises étaient livrées, on les centralisait à Narbonne, à Montpellier et à Marseille.

Six négociants d'origine florentine choisis parmi les résidents les plus estimés aunaient et marquaient les draps qu'on dirigeait sur l'Italie. A Florence, on apprêtait les draperies qui, traitées, revenaient sur nos marchés[1]. Rarement, les Florentins préparaient en France les draps bruts, toutefois ils possédaient dans le royaume quelques établissements; ils en avaient un à Bourges notamment[2].

L'art de la *calimala* avait ses courriers et ses hôteliers; ces derniers étaient fixés à Arles, Saint-Gilles, Paris et Caen.

Les Florentins qui étaient affiliés à l'art de la laine et fréquentaient la Bourgogne et la Provence, comme acheteurs, Avignon, Paris, Montpellier et la Champagne, comme vendeurs, possédaient une organisation à peu près analogue à celle de la *calimala*. Il en était de même de ceux qui pratiquaient l'art de la soie et qu'attiraient spécialement Nîmes, Montpellier et Lyon; ces commerçants en soieries exportaient également des toiles de Bretagne et poussaient leurs voyages d'affaires jusqu'à Rennes et Vitré.

Pour satisfaire aux exigences de leur négoce, les Florentins possédaient en France et à Paris des maisons de banque importantes, succursales de leurs maisons de Florence, ils préludaient ainsi à l'envahissement de l'industrie bancaire en Europe. Les Peruzzi, les Bardi, les Bonajuti, les Dei, les Frescobaldi, les Scali de Florence avaient des comptoirs à Paris dès le xiiie siècle; plusieurs membres de ces familles de banquiers devaient, à la suite des persécutions dirigées contre eux par les Médicis, venir se fixer définitivement en France au xve siècle[3].

Ces Florentins étaient placés sous la protection royale. Par une ordonnance datée de février 1277, Philippe III avait pris sous sa sauvegarde les marchands florentins au même titre

---

1. A. Desjardins, *Négociations de la France avec la Toscane*, coll. des documents inédits, introd. pp. xxx et s.

2. Pardessus, *Collection des lois maritimes*, t. III. Introd. p. lxix.

3. Piton, *op. cit., passim.*

que les bourgeois de Paris; il leur reconnaissait le droit
d'avoir un change, des consuls et une juridiction[1].

Ainsi, Lombards et Florentins, commerçants actifs, avaient
avec la France des relations constantes; beaucoup, parmi eux,
à la suite d'un long habitat, d'acquisitions territoriales,
d'alliances avec les habitants du royaume, demeurèrent en
France[2]. Ils constituèrent les premiers embryons de ces
colonies prospères du xvi° siècle qui, par leur importance,
firent craindre à Raoul Spifame la *dénationalisation* du royaume.

II

Au Moyen-Age, les études françaises brillaient d'un vif éclat
et les étudiants étrangers se pressaient aux leçons des maîtres
de théologie, de philosophie et de belles lettres que l'on professait dans nos universités. Paris surtout attirait les étudiants
des diverses parties de l'Europe, cette ville n'était-elle pas « la
terre de paix et d'étude... », comme l'écrivait un Italien,
n'était-elle pas pour l'abondance des biens, pour l'intelligence
des philosophes, la valeur des théologiens, le Paradis et la
royale cité[3]?

D'Italie, les jeunes gens venaient entendre les enseignements
donnés à Paris, à Montpellier et dans les autres écoles françaises; beaucoup tenaient à honneur de prendre leurs grades
en France ou de « disputer » avec les maîtres de l'Université
de Paris. Faut-il rappeler qu'au début du xiv° siècle, Dante
soutint des thèses remarquables devant l'aréopage savant des
professeurs de la Sorbonne et que Pétrarque fit à Montpellier
une partie de ses études juridiques? Si les étudiants originaires
de la péninsule profitèrent de l'enseignement français, les universités du royaume accordèrent aussi aux professeurs italiens
une large hospitalité. Les uns furent stables, d'autres au
contraire itinérants; ils allaient porter leurs doctrines dans

1. *Recueil des ordonnances des rois de France*, t. IV, p. 666.
2. Jules Viard, *Les comptes du Trésor de Charles IV le Bel* (à paraître dans la collection des documents inédits) seront précédés d'une introduction sur les Italiens en
France au xiv° siècle qui marquera l'importance extraordinaire de l'immigration
florentine dans toutes les villes du royaume.
3. Lanfranc, Bibl. Nat., mss. lat. 7646, fol. 10.

les villes célèbres pour leur goût des questions intellectuelles. Généralement, ces professeurs étrangers étaient accueillis avec faveur; certains accédaient même aux plus hautes fonctions dans les écoles.

La philosophie, humble servante de la théologie, était fréquemment enseignée en France par des Italiens. Au xiiiᵉ siècle, Alessandro Fassitelli, Jean de Parme, Lombard de Plaisance, professèrent à Paris; Remigio de Florence fut titulaire d'une chaire en Sorbonne, de là il se rendit à Montpellier. C'est vers Toulouse que Roland de Crémone se dirigea après avoir professé à Paris. Il espérait, par la puissance de sa dialectique, ramener les Albigeois vers de saines doctrines. La réputation de ces théologiens, si grande fût-elle à leur époque, ne saurait cependant éclipser celle de deux docteurs de l'Église qui professèrent à Paris. De l'an 1253 à l'an 1271, saint Thomas d'Aquin y enseigna la théologie; quelques interruptions marquèrent seulement la continuité de son enseignement. Dans les mêmes temps que la science du *Docteur évangélique* attirait à Paris des étudiants de toute l'Europe, saint Bonaventure, le *Docteur séraphique*, exposait aussi ses doctrines théologiques et philosophiques. Saint Thomas, parmi ses compatriotes, formait des élèves remarquables : Romano, qui lui succéda dans sa chaire, et Egidio Colonna. Après avoir professé à Paris, Colonna fut chargé de l'éducation de Philippe le Bel; pour lui il écrivit le *De regimine principum*, maintes fois traduit, même en langue hébraïque. En 1286, Egidio Colonna assista à Reims au sacre de son royal élève et fut chargé de le complimenter au nom de l'Université; quelques années après, le précepteur du roi devenait évêque de Bourges.

Tandis que brillait en France l'enseignement théologique, souvent donné par des Italiens qu'attirait l'éclat d'une université qu'ils rehaussaient de leur présence, les leçons de Brunetto Latini contribuaient à la gloire de la Faculté des lettres. Persécuté par le roi Manfred, Brunetto s'était exilé en 1260 et réfugié auprès de saint Louis. Pendant vingt-cinq ans, il professa à Paris et y écrivit son fameux *Trésor*, dans lequel il fit de la langue française le superbe éloge que l'on connaît.

Au xiv° siècle, l'enseignement des maîtres italiens florissait encore en France. C'est à Paris que plusieurs d'entre eux composèrent leurs œuvres. Bartolomeo da San Concordo, y écrit son *Traité de théologie morale.* En 1311, François Caraccioli, de Naples, est chancelier de l'Université de Paris, il est un de ceux qui donnent leur approbation aux propositions de Raymond Lulle[1]. Deux ans plus tard, Marsile de Padoue devient recteur de l'Université, il écrit à Paris, avec la collaboration de Jean de Jeandan, le traité connu sous le nom de *Defensor Pacis.* Cette œuvre, qui proclame la souveraineté du peuple, qui bat en brèche le pouvoir temporel des papes et même leur puissance spirituelle, puisque l'auteur n'accorde d'autorité qu'aux décisions des Conciles, fit scandale. L'auteur dut quitter Paris et se retirer en Bavière; Marsile de Padoue fut, pour partir, obligé d'emprunter un viatique à ses amis et élèves italiens de Paris : Robert de Bardi, André de Rieti, chirurgien, et Pierre de Florence, régent en médecine[2].

Parmi les recteurs de l'Université de Paris, on relève encore, dans le premier tiers du xiv° siècle, le nom de Dyonisio de Borgo San Sepolcro. Le jour de la Toussaint, en 1331, le pape Jean XXII, ayant dans un sermon soutenu que les âmes des justes ne jouissent pas de la vue de Dieu aussitôt après leur mort, mais doivent attendre le jugement dernier, le monde religieux fut partagé sur la question de la « vision béatifique des âmes ». Philippe VI institua à Paris une commission composée de théologiens fameux chargés de trancher le différend. Roberto de Bardi, chancelier de l'Université, Dionisi de Borgo, Nicolo d'Alessandria, docteur en Sorbonne, furent choisis par Philippe VI comme membres de cette assemblée. La nationalité des savants importait peu en ces temps, il suffisait qu'on estimât leurs doctrines et leur savoir pour les charger d'interpréter des cas difficiles.

Dans toutes les parties de la France, les Italiens ouvraient des écoles. A Paris, à Avignon, à Montpellier on rencontre des théologiens, des grammairiens originaires de la péninsule

1. *Histoire littéraire de la France*, t. XXIX, p. 45.
2. *Histoire littéraire de la France*, t. XXXV, 1906, *Notice sur Marsile de Padoue.*

et directeurs d'études : Aignani Michele, Gherardo de Pergame, Bonaventure de Pergame, Luigi Marsigli professent un peu partout. Beaucoup de ces maîtres n'ont laissé aucun nom; certains même seraient fort oubliés si leur mémoire n'avait survécu grâce à leurs élèves; dans ce cas se trouverait Convenevole da Prato, qui, plusieurs années durant, tint école à Carpentras et Avignon, s'il n'avait compté Pétrarque au nombre de ses élèves.

La guerre de Cent ans désolant le pays, le goût des études diminua dans le royaume, les universités françaises perdirent de leur lustre; elles n'attirèrent plus d'aussi nombreux maîtres et étudiants de l'étranger. C'est plutôt en Italie que les jeunes hommes se rendirent pour étudier; Pavie, Padoue devinrent les grands centres intellectuels. Dans certaines universités italiennes, on délivrait avec facilité des diplômes et des titres. Tout concourait à la décadence de nos écoles. Tandis que nous nous attardions à discuter des problèmes de pure scolastique et tombions dans des exercices d'école déjà désuets, les universités italiennes rénovaient leurs méthodes et vers elles se dirigeaient les étudiants. L'influence française perdait du terrain au profit de l'italienne. En dehors de Beroaldo Filippo il Vecchio qui tint école à Paris au xv° siècle et fut à cause de sa science surnommé la *Bibliothèque ambulante*, on compterait peu de savants notoires d'origine italienne ayant professé sous les règnes de Charles VI et de Charles VII. Pour voir se renouer les relations intellectuelles constantes qui s'étaient formées au cours des siècles précédents, il faut attendre le début des guerres d'Italie. A cette époque, les maîtres que l'Italie envoya en France en rangs serrés reprirent une tradition ancienne. Ils avaient déjà compté en France de multiples prédécesseurs dont plusieurs avaient laissé un nom glorieux et contribué au rapprochement des deux nations.

***

Pendant deux siècles, l'Université française avaient volontiers accueilli ces professeurs italiens qui, passant les monts, venaient quérir à Paris la consécration de leur talent. Elle reçut aussi de la péninsule des maîtres sortis des écoles de Salerne ou de Sienne qui s'adonnèrent à l'enseignement ou à la pratique de la médecine à Paris. A toutes les époques, les habitants du royaume ont apprécié les soins des praticiens étrangers qu'ils fussent Italiens, Portugais ou Hollandais. Ces médecins venus de l'extérieur ont toujours joui d'une réputation notoire auprès des souverains ou des populations de notre pays.

Au Moyen-Age, nombre de médecins italiens pratiquèrent en France; ils en imposaient par leur faconde, le luxe de leurs costumes, l'éclat qu'ils empruntaient à leur qualité de forains, et comme, très souvent, ces médecins se doublaient d'astrologues ou de charlatans, leur emprise morale était considérable sur des esprits peu éclairés.

Burckardt, dans son *Histoire de la civilisation en Italie au temps de la Renaissance*, a consacré aux magiciens et astrologues un chapitre qui montre l'influence que ces charlatans exercèrent sur l'esprit des Italiens malgré les sarcasmes dont les poursuivirent Pétrarque et Boccace. Or, bien qu'en France les imaginations fussent moins vives qu'à Naples ou à Florence, ces médecins, devins et astrologues, jouirent de tous temps de la considération publique [1].

Déjà, au temps des Carolingiens et des premiers Capétiens, on rencontre à la cour des *archiatres*, occupés à guérir les maladies et tirer les horoscopes des souverains et dignitaires; mais ce fut surtout à partir du xiiie siècle que les médecins italiens furent honorés en France.

Aldebrandini soignait Béatrice de Florence, mère de quatre reines, et c'est à son intention que ce Siennois écrivit en langue française un traité d'hygiène et de puériculture. Si hautement apprécié était ce médecin que Marguerite de Provence l'appelait à Paris pour lui confier la santé de saint Louis, son époux. Aldebrandini, qui termina ses jours à Troyes, ne fut pas le seul médecin italien de Louis IX. Guglielmo de Crémone, Nicola de Calvopetro, « moult bien expérimenté en

1. Rodochanachi, *Les médecins et astrologues italiens en France du Xe au XVIe siècle,* dans *Revue hebdomadaire,* année 1912, n° 51.

la science des étoiles, » auteur du traité *Signata signorum*, se partageaient le soin de veiller à la santé du roi.

Vers la fin du XIIIe siècle, une célébrité italienne, Lanfranco, originaire de Milan et professeur à l'Université de cette ville s'était lancé dans la politique ; il s'était attaché aux Della Torre. Lorsque les Visconti triomphèrent de ceux-ci, Matteo Visconti l'exila. Ayant erré de ville en ville, Lanfranco parvint à Paris en 1295. Il y fut, dit-il, accueilli à merveille [1]. Il fonda sa réputation en se gaussant de ses confrères, disant qu'ils étaient « presque idiots, sachant à peine leur langue, vrais manœuvres et si ignorants qu'à peine on trouvait parmi eux un chirurgien rationnel ». Lanfranco, pour prouver sa science, composa un traité de chirurgie qui fut plus tard imprimé et réimprimé sous le nom d'Alafrant. Le succès de Lanfranco contribua à peupler Paris de médecins italiens ; il en vint de toutes les régions de la péninsule. Successivement arrivèrent Taddeo de Bologne, Lodovico de Reggio, Ugo de Lucques, Nicola de Florence, Agosto de Vérone, Ruggiero de Salerne, Silvestro de Pistoie, Valesio de Tarente, Lodovico de Pise, Bruno de Calabre, Armando de Crémone. Tous se disputaient sur les meilleures méthodes à employer et leurs querelles, leurs controverses étaient telles, qu'au retour de la croisade, saint Louis résolut de provoquer l'institution d'une association médicale chargée d'établir les principes d'une doctrine uniforme. Le Collège des médecins ou *Confrérie de Saint-Cosme* tirerait son origine de cette réunion.

Par l'entremise des médecins italiens, les Français profitèrent des progrès que les Arabes avaient réalisés dans le domaine scientifique. C'est Rogero de Parme qui introduisit en France les pratiques d'Aboukasis écartant certaines interventions cruelles alors en usage, notamment celle qui consistait à percer des trous dans le crâne des aliénés pour en extirper la folie. Par leurs travaux théoriques et pratiques, les Italiens asseyaient dans le royaume leur réputation de médecins habiles : souverains, seigneurs et bourgeois avaient recours

---

1. *Histoire littéraire de la France*, t. XXV, p. 284.

à eux. Des Italiens enseignaient à Paris, d'autres à Montpellier. Guillaume de Brescia y professait entre 1290 et 1314 [1].

Jacques de Sienne et Jean de Padoue étaient médecins de Philippe le Bel [2]; Guido de Vizenavo de Padoue traitait Jeanne de Bourgogne, femme de Philippe VI, Tommaso fut médecin de Charles V. Christine de Pisan, fille de ce savant, nous a conservé sur son père des détails curieux. Étant de passage à Bologne, sa ville natale, Tommaso reçut deux messagers, l'un venant de la part du roi de Hongrie, l'autre dépêché par Charles V. Les envoyés étaient chargés d'attirer à la cour de leur maître le célèbre professeur. Tommaso se décida pour la France; d'abord il y vint seul, laissant femme et fille en Italie, puis comblé de présents par son auguste souverain, il se résolut à faire venir près de lui ces deux êtres chers. Au mois de décembre 1368, ils arrivaient à Paris; on les reçut avec transports. Mais, si larges qu'aient été les présents du roi à l'égard de son médecin, Tommaso laissa les siens dans la gêne, car il avait eu « trop grant liberalité de non refuser rien qu'il eust aux povres ». Sa fille, pour subsister, dut écrire et ce fut tant mieux pour l'historiographie française.

Tommaso mort, Valesco de Tarente, professeur à Montpellier, soigna Charles VI. Tandis qu'il s'efforçait de guérir le pauvre fou, Jean de Pise, médecin à Paris, jouissait d'une grande vogue. Ses honoraires étaient élevés et l'on put déjà assister entre lui et sa cliente Jeanne du Bois, dame de la Grange, à un procès portant sur la quotité des sommes qui lui étaient dues à raison de ses soins.

A toute époque de notre histoire, les souverains français ont consulté des praticiens étrangers. Louis XI, toujours craintif pour sa santé débile, eut recours aux soins des médecins italiens. Angelo Cato demeura auprès du roi jusqu'à son décès. Né à Sapino, près de Bénévent, en Italie, Cato s'était d'abord attaché à la maison d'Anjou, il en suivit les princes en Lorraine; il entra ensuite dans la maison de Charles le Téméraire, mais l'abandonna après ses défaites de Grandson et

----

1. *Hist. litt. de la France*, XXVIII, p. 129.
2. *Ibid.*, p. 327.

de Morat que ses connaissances astrologiques lui avaient, dit-on, fait prévoir. Il passa ensuite au service de Louis XI, dont il devint médecin et aumônier; sur la demande du roi il fut fait archevêque de Vienne, en vertu d'une réserve du pape. Cato eut une action sur les lettres françaises, ce fut lui qui décida Comines à écrire ses mémoires, ainsi que l'affirme celui-ci au début de son œuvre. Comines, d'ailleurs, était le protégé de Cato et il le proclame « personnage de bonne vie, grande littérature et très savant ès-mathématiques ». Louis XI mort, Cato repartit en Italie [1].

Quand l'exemple vient de si haute personne que le roi de France, il n'est pas surprenant que seigneurs et nobles suivent ses méthodes; au xvie siècle, médecins et astrologues originaires d'Italie pulluleront dans le royaume, les souverains compteront, en effet, dans leur entourage une foule de praticiens originaires d'outre-monts. Dès les temps qui nous occupent, des grands feudataires ont recours aux lumières des Italiens; Dimanche d'Alexandrie est physicien du duc de Bourgogne entre les années 1375 et 1387 [2]; Marc de Marino, apothicaire du roi René, figure maintes fois dans les comptes du souverain. Jehan Antonello, vétérinaire, s'occupe des animaux du roi, il les oint de « stafisagrie », c'est-à-dire de staphisaigre, renonculacée destinée à débarrasser les chiens de leurs parasites. Le fils d'Antonello, dit Antonello d'Aversa, soigne le duc et son entourage [3]. A la cour de Jean V, Bonabes Danielo est « apothicaire et espicier ». Il figure dans l'état de sa maison en 1404 et en 1416 [4].

Des municipalités, devançant les habitudes que prirent plus tard certains corps d'échevins, stipendiaient des médecins chargés d'assurer le service sanitaire des villes. A Marseille, en 1475, Antoine Doria recevait un gage de quatre-vingts florins à lui alloués par les consuls de la cité [5].

---

1. Joseph Waesen, *Lettres de Louis XI*, éd. de la Société d'Histoire de France, t. IX, p. 258. L'éditeur des *Mémoires* de Comines, M. de Mandrot, fait mourir Cato en 1497.

2. Arch. de la Côte-d'Or, B. 1463, fol. 117-117 *bis*.

3. Abbé Arnaud d'Agnel, *Comptes cités*, actes 3227, 3232.

4. Dom Morice, *Preuves de l'Histoire de Bretagne*, t. II, p. 195 et p. 1224.

5. Aug. Fabre *Les rues de Marseille*, t. II, p. 155.

III

Les empiétements successifs du pouvoir pontifical l'avaient lentement amené à pourvoir directement à la majeure partie des bénéfices dans toute la chrétienté et à exercer une influence notable sur les élections épiscopales.

Bien avant que la seule faveur de Louis XII, de François Ier et des Médicis eût peuplé d'évêques et d'abbés italiens les évêchés et les abbayes de France, fort nombreux furent les péninsulaires qui tinrent dans le royaume évêchés ou canonicats.

Peu explicites sont les documents qui permettraient de constater l'influence exercée sur l'immigration italienne par ces arrivées de clercs, professeurs, bénéficiers ou évêques ayant passé les Alpes antérieurement aux guerres d'Italie; toutefois, il est à présumer que l'élévation d'Italiens à des charges ecclésiastiques contribua à attirer dans le royaume quelques-uns de leurs familiers. Jamais citoyen de Rome, de Florence ou de Naples n'obtint une situation dans une province étrangère sans y amener avec lui quelques collaborateurs dont certains demeurèrent dans le pays.

Au xiiie siècle, les papes distribuent à larges mains bénéfices et canonicats dans la chrétienté; ils ont à placer des familiers, des partisans et des parents. Innocent IV pratique le népotisme : il peuple l'Angleterre de ses amis; en France, il encombre les églises de Reims, de Bayeux et de Paris avec ses créatures. Jean de Camezano, Jean de Gaëte, Ottobonus et « complures alii », disent les textes, sont pourvus par ses soins. Ses successeurs agissent comme lui et les clercs étrangers sont si nombreux en France au temps de Philippe le Bel que le roi menace Boniface VIII de se venger de la bulle *Clericis laicos*, en jetant hors du royaume toutes ces créatures pontificales[1].

---

1. Élie Berger, *Registres d'Innocent IV*. « Varii clerici ex Italia oriundi, regnante Innocentio in Francia commorati sunt vel beneficia obtinuerunt, Italiæ tamen nomine in epistolis non expresso. » Cf. Table des noms.

Des charges secondaires ne sont pas seules attribuées aux
Italiens; beaucoup obtiennent des évêchés. Pour les attribu-
tions des sièges épiscopaux, la faveur pontificale se combine
avec les bonnes dispositions des rois à l'égard des péninsulaires qui les ont fidèlement servis.

Pietro di Colomezo occupe le siège de Rouen au xiiie siècle,
Egidio Colonna, qui enseigna à Philippe le Bel la haine de la
théocratie pontificale, reçoit l'évêché de Bourges en 1295. La
même année, le canoniste Gui de Colle di Mezzo, notaire
apostolique et trésorier de l'église de Noyon, devient évêque
de Cambrai. Un peu plus tard, un conseiller de Charles IV,
André de Florence, s'assied sur le siège épiscopal d'Arras, ses
neveux l'accompagnent ainsi que des familiers; c'est à son
influence auprès de Charles IV que Chone, Bernard, Bardo
Lappi, puis Guillaume Ducci obtiennent des lettres de bourgeoisie. A Lombez, Jacques Colonna préside aux destinées du
diocèse, fréquemment il se rend à Avignon où il protège
Pétrarque. Ferry Cassinel, secrétaire et conseiller de Charles V,
fut successivement évêque de Lodève, d'Auxerre, mais, étant
mort à Nîmes, au cours d'un voyage, il ne put prendre possession de l'archevêché de Reims auquel il avait été promu.

Au cours du xive siècle, se déroulent deux événements
considérables dans les annales de l'Église; abandonnant Rome
et l'Italie, les papes transportent par deux fois à Avignon la
résidence du Saint-Siège. La présence en France des Souverains
Pontifes et leur acquisition d'un territoire formant enclave
dans le royaume exercent sur l'infiltration des étrangers une
influence notable. Par le Comtat Venaissin, de nombreux
Italiens passeront en France jusqu'au moment où cette province fera retour à la France.

Les historiens ayant maintes fois retracé la captivité de
Babylone et le grand schisme d'Occident, il suffit de rappeler
quelques dates essentielles : en 1309, à raison du peu de
sécurité que lui offre le séjour d'Italie, Clément V fixe définitivement sa résidence à Avignon; ses successeurs y demeurent
jusqu'en 1376, époque à laquelle, abandonnant enfin « cette
hideuse cité de la Gaule », Grégoire XI regagne l'Italie, mettant

fin à la captivité de Babylone. Trois ans plus tard, le grand schisme éclate et Clément VII revient s'établir à Avignon, où séjourne également son successeur Benoist XIII.

Bien avant le moment où Clément V transporta à Avignon le trône de Saint-Pierre, les Souverains Pontifes possédaient déjà une enclave sur le territoire français. Par le traité de Paris, signé en 1229, ils avaient acquis du comte Raymond de Toulouse la partie du Comtat sise à l'est d'Avignon : cette région avait déjà reçu un apport de population italienne, mais l'afflux des péninsulaires s'accrut encore lorsque Clément VI, ayant acheté Avignon à la reine Jeanne de Naples, toute la province fut passée sous la domination pontificale et devint comme une prolongation de la terre italique. Pendant plusieurs siècles, des exilés vinrent chercher un refuge sur les domaines français des papes.

Dès son installation en France, Clément V avait été accompagné par ses partisans; la curie romaine avait transporté ses offices à Avignon; cette cité devint à la fois le centre de la catholicité et une ville de cour. Une foule d'étrangers se pressa dans ses murs; il advint même que le prix des vivres s'accrut d'une telle manière que des Italiens durent gagner Carpentras pour subsister plus aisément. C'est le parti que prirent Petrarco, père de Pétrarque et son ami Settimo. Pendant treize ans, le grand poète demeura dans cette petite ville où, sous la férule de Convenole, il apprit les rudiments de la grammaire et les éléments de la poétique. La présence de la cour pontificale attira à Avignon de multiples commerçants italiens; il est vrai que, placée sur la grande voie de communication du midi de la France avec Lyon et le nord du pays, cette ville était bien située pour prendre une grande extension commerciale; aussi, de tous temps, Lombards et Florentins s'y étaient-ils habitués; la venue de Clément V ne fit qu'accroître leur nombre.

Des industries de luxe, comme le tissage des soies, la broderie d'art, l'orfèvrerie, se développèrent à Avignon; la plupart de ces industries étaient aux mains des Italiens.

Le nombre des maisons de banque et de change augmenta promptement; dès l'an 1327, quarante-trois changeurs, origi-

naires de la péninsule, tenaient comptoir dans la cité pontificale.

Avec Benoist XII, le mouvement d'immigration italienne
s'accrut encore. La construction du palais attira des artisans
et des décorateurs de toutes les régions; les peintres toscans
coudoyèrent les architectes français; sous le fastueux Clément VI, les traditions de ses prédécesseurs se maintinrent et
de toutes parts les Italiens arrivèrent à Avignon.

Les Souverains Pontifes ayant complètement dit adieu à la
cité d'Avignon, celle-ci n'en demeura pas moins italienne;
les légats, les évêques, les fonctionnaires pontificaux, généralement choisis parmi des protégés des papes, amenèrent avec
eux des parents et amis; aux côtés des consuls d'Avignon, des
conseillers italiens étaient nommés par les légats. De tous les
points de l'Italie, des péninsulaires pénétraient dans le
Comtat, qui pour chercher fortune en s'immisçant dans les
fonctions de la curie, qui pour bénéficier de l'importance du
négoce de la ville; d'autres, exilés ou proscrits, cherchaient
un refuge en territoire pontifical. Au xv° siècle, des manieurs
d'argent, comme Louis Doria, Jean-Benoist Zampiri, Baptiste
de Rapallo, Michel Divi, assuraient des navires, centralisaient
les revenus de la papauté, avançaient des fonds aux souverains
ou commanditaient des entreprises. Persécutés par les Médicis,
les Peruzzi, qui ont laissé une descendance à Avignon, se
réfugiaient en 1438 à l'ombre du rocher des Doms.

Il importe de retenir que de très bonne heure, par suite des
accords intervenus entre Paris et Rome, les habitants du
Comtat furent considérés comme régnicoles par les rois de
France; après un séjour plus ou moins prolongé dans les États
pontificaux, autochtones ou Italiens établis dans le domaine
papal pouvaient, si telle était leur convenance, passer dans le
royaume et s'y établir. Au cours des siècles, les péninsulaires
profitèrent souvent de cet avantage; parfois même, il advint
que, pour des nécessités politiques, les papes expulsèrent de
leurs territoires français telle ou telle catégorie d'Italiens,
ceux-ci se réfugiaient alors sur le domaine royal. C'est ainsi
que la possession du Comtat Venaissin par les papes favorisa

l'intrusion d'éléments de population italienne dans le royaume. J'aurai d'ailleurs l'occasion de signaler des péninsulaires qui, après un stage de quelques années à Avignon, passèrent ensuite sur le territoire français. Mais, pour ne pas anticiper sur les événements, qu'il suffise présentement de noter l'influence que la « captivité de Babylone » a exercée de manière immédiate sur l'immigration italienne.

Pendant soixante-dix ans, les Souverains Pontifes sont tous désireux d'échanger leur résidence pour regagner[1] « la splendide reine du monde ». Il leur faut conserver en Italie des partisans qui soutiennent leurs revendications ; aussi, à mains ouvertes, distribuent-ils bénéfices anglais et français. Ne doivent-ils pas également reconnaître les services que les Italiens, ces habiles banquiers, rendent au trésor pontifical ?

Privés des ressources que leur procuraient leurs états d'Italie, les papes d'Avignon imaginèrent un système fiscal d'une irritante oppression. Le recouvrement des décimes, des annates, des cens, des subsides caritatifs, des procurations, des dépouilles et de tant d'autres taxes nécessita une armée de collecteurs. Tout d'abord, des nonces apostoliques parcoururent les provinces ecclésiastiques pour récupérer ces impôts ; par la suite, une armée d'agents permanents fut instituée ; ils étaient aidés dans leur tâche par des sous-collecteurs. Dans la majeure partie des cas, ces missions étaient confiées à des Italiens, les papes suivant en cela l'exemple des grands seigneurs qui affermaient à des Lombards le soin de gérer leurs finances. S'ils s'acquittaient de leur tâche avec adresse, des bénéfices leur échéaient pour les récompenser de leur dévouement. Camériers et trésoriers devenaient chanoines, archidiacres ou évêques. André de Gubbio, Jean Mureti, André Figuli et maints autres obtenaient de fortes prébendes en remerciement de leur zèle. L'Église de France se peuplait d'Italiens[2].

---

1. Abbé Mollat, *Les Papes d'Avignon*, p. 401. Les conclusions de l'auteur sont formelles sur ce point et contraires aux affirmations tendancieuses de M. Pastor dans son *Histoire des Papes*.

2. Abbé Mollat et Samaran, *La fiscalité pontificale en France au XIV⁰ siècle*, 1905, p. 67.

En délaissant leur résidence d'Avignon, les papes n'abandonnèrent pas leur système fiscal et leurs habitudes. Aussi bien, aux environs de l'an 1437, tandis que toute la France frémissait de joie à l'idée des territoires reconquis sur les Anglais, à l'heure où se formait réellement le sentiment national, l'Université et le clergé manifestèrent-ils leurs aspirations nationalistes. Les clercs de France étaient excédés d'être pressurés par de lointains pontifes et de voir leur échapper les bénéfices que récoltaient les étrangers; les dignitaires de l'Église, réunis à Bourges en 1438, signaient la fameuse déclaration connue sous le nom de *Pragmatique Sanction*. L'Église de France se séparait de Rome brutalement, espérant conserver pour elle les biens de ce monde attachés aux fonctions sacrées. Tout a été dit sur les difficultés et les compromissions qui surgirent entre les cours de France et de Rome au sujet de l'application de la Pragmatique sous le règne de Charles VII; la manière dont Louis XI, abolissant un jour la Pragmatique pour la faire revivre le lendemain, se conduisit à l'égard du Saint-Siège est également connue. A maintes reprises, au cours de ces deux règnes, la curie romaine dut céder aux exigences des rois de France, parfois aussi elle réussit encore à déposséder le clergé français des droits qu'il prétendait avoir. Malgré ses doléances, des Italiens réussirent à se maintenir et à se faire nommer en France. Jean IV Borgia gouverna pendant un quart de siècle l'évêché d'Agen; après avoir été camérier de Martin V, Zenone Castiglione devint évêque de Lisieux, de Bayeux, chancelier de l'Université de Caen. Il mourut en Normandie en 1459; près de lui, il avait appelé plusieurs de ses parents et il leur fit attribuer des dignités ecclésiastiques. Neuf années durant, Giovanni Castiglione fut évêque de Coutances; Guglielmo, d'abord archidiacre de Bayeux, devint lecteur en décrets de l'Université de Paris; Branda fut archidiacre de Coutances[1].

Sans atteindre aussi gravement que par le passé les intérêts terrestres du clergé français, le népotisme italien se manifestait

---

1. Émile Picot, *Les Italiens en France au XVIe siècle*, extrait du *Bulletin italien*, 1re et 3e années.

encore au xvᵉ siècle; la Pragmatique avait enrayé le mal, mais
ne l'avait pas supprimé. Louis XI, qui d'une main ferme avait
garrotté les grands feudataires, n'avait pas toujours pu se
soustraire aux influences pontificales. Après sa mort, la politique extérieure de Charles VIII et de Louis XII se transforma;
ils furent éblouis par le mirage italien, les nécessités de se
créer des partisans dans la péninsule les poussa à accorder
aux Borgia, aux Fieschi, aux della Rovere des sièges épiscopaux. L'Église de France se peupla alors de ces innombrables
prélats ou abbés dont l'influence sur l'immigration de leurs
compatriotes est incontestable.

IV

Les révolutions italiennes du Moyen-Age ont valu à la France
un important apport de population transalpine. Les luttes qui,
dans les domaines politique et économique, mirent aux prises
les habitants de Naples, de Venise, ceux de Rome comme ceux
de Gênes et de Florence, sont célèbres; les historiens ont narré
les querelles que, trois siècles durant, soutinrent entre eux
Guelfes et Gibelins, *Blancs* et *Noirs*, partisans du *peuple maigre*
et du *peuple gras*, amis des *arts mineurs* ou tenants des représentants des *arts majeurs*, soutiens de l'aristocratie ou de la
démocratie. Sur la terre d'Italie, la haine seule apparaît vivace
et forte; les municipalités se battent *per ragion di confini*, et ce
qu'il y a de pis, la guerre est naturelle et spontanée. Dès le
xiiᵉ siècle, les querelles municipales fournissent prétexte à
cent dix-neuf guerres chroniques entre quatre-vingt-dix-
neuf villes militantes. A la fin du xvᵉ siècle, le total des révolutions atteindra 7,200, et les massacres s'élèveront à plus
de 700. Rivalités, guerres, luttes et discordes aboutissent à
l'anarchie et à l'édiction de mesures politiques rendant
l'existence intolérable aux vaincus.

Non seulement les personnalités inquiétantes pour le parti
au pouvoir étaient alors condamnées à l'exil et à la confiscation
de leurs biens, mais encore les masses qui ne partageaient pas
l'opinion régnante subissaient des vexations. La proscription

était un mode traditionnel de gouvernement. Ainsi que l'écrit M. Luchaire : « L'histoire des communes italiennes est pleine de bruyants exodes de Guelfes chassés par les Gibelins ou inversement et de rentrées en masses plus bruyantes encore, souvent sanglantes [1]. » Dans ces grandes proscriptions, les nobles ne partaient pas seuls, ils emmenaient d'importantes familles du peuple compromises avec eux ; à côté de ces condamnés, des milliers d'individus abandonnaient le sol natal parce que la situation politique rendait odieuse l'existence à « une foule de gens qui délaissaient volontairement leur patrie, emportant avec eux leurs qualités et leurs vertus » [2].

De bonne heure, ces proscrits prirent le chemin de la France et s'acclimatèrent dans nos provinces méridionales. Des mobiles divers les incitaient à agir ainsi : les uns étaient d'ordre psychologique, si l'on peut ainsi parler, les autres d'ordre politique et économique.

De ces régions proches de la péninsule, les Italiens qui avaient momentanément fui la tourmente pouvaient aisément regagner leur pays ; ceux qui s'étaient définitivement et volontairement exilés retrouvaient en Provence le climat de leur patrie ; la langue qu'on y parlait avait avec la leur des affinités ; des colonies de marchands italiens étaient disséminées à Marseille, à Arles, à Carpentras, à Avignon ; ces négociants avaient avec Florence, Gênes et Rome des rapports constants, avec eux on s'entretenait de la patrie abandonnée. En outre, chez le Génois ainsi que chez le Florentin, l'homme politique et le citoyen se doublaient d'un marchand ; la proximité de la Méditerranée permettait à ces immigrants de se livrer au négoce et de reconstituer les fortunes que leur fuite avait compromises.

Dans les cités méridionales, de nobles seigneurs italiens avaient suivi les princes de la maison d'Anjou sur leurs terroirs de Provence ; rapidement ils étaient parvenus aux honneurs et charges et protégeaient leurs compatriotes. C'était d'ailleurs, dans ces cités déjà cosmopolites, une habitude

1. Luchaire, *Les Démocraties italiennes*, Paris, 1915.
2. Burckardt, *La civilisation en Italie au temps de la Renaissance*, t. I, p. 168.

d'ancienne date que d'accueillir favorablement l'étranger ; les habitants de quelques-unes de ces villes avaient même adopté les formes de gouvernement usitées en Italie et pour éviter les discordes que provoquait l'élection de leurs magistrats, elles demandaient à la péninsule de leur fournir des podestats.

Longtemps, la communauté d'Arles posséda un gouvernement composé de douze consuls élus, mais leur nomination divisait les habitants et les consuls ne s'entendaient pas entre eux. Pour remédier à l'état d'anarchie que créait ce système électif, les Arlésiens décidèrent de créer une magistrature annuelle exercée par un seul homme, à l'imitation de ce qui se passait à Gênes. Ce magistrat, nommé podestat, ne pouvait être choisi parmi les citoyens de la ville ; étaient également exclus de cette charge tous ceux qui possédaient en la cité des parents, des alliés, voire même des terres. Pour être certains que leur podestat remplît les conditions imposées, chaque année les Arlésiens envoyaient en Italie une délégation d'habitants chargée de choisir leur magistrat. Certains personnages, par leur habileté et leur notoriété, paraissent avoir été des podestats de carrière : Perceval Doria remplit plusieurs fois cette charge en France et en Italie, on le rencontre comme podestat à Arles, en 1231 ; son année achevée, il fut choisi par les Avignonnais qui, dès 1225, avaient adopté la forme de gouvernement usité à Arles et à Marseille [1].

Ces différentes circonstances contribuèrent sans aucun doute à attirer vers le midi de la France les Italiens proscrits. Tous n'y séjournèrent pas ; rapidement quelques-uns essaimèrent dans d'autres régions ; il serait d'ailleurs difficile de dresser des listes de ces immigrants et de suivre leur destinée ; si l'on excepte quelques familles notoires établies en France depuis le xive siècle, la masse des Italiens se confond de bonne heure avec la population française. L'examen des cartulaires des régions méridionales décèle dès le xiiie siècle

---

1. Labande, *Les Doria de France*, Paris, 1899, p. 9. A Sisteron, les officiers royaux, bailli, juge, notaire, clavaire, sous-viguier composent la cour royale ; tous doivent être étrangers au pays, ils ne peuvent même y être mariés. — Delaplane, *op. cit.*, p. 32.

la présence d'Italiens; on y relève des noms qui désignent une origine transalpine, les sobriquets tirés de noms de villes ou de pays de la péninsule y sont fréquents. Toutefois, il est impossible, dans la majeure partie des cas, de discerner les raisons pour lesquelles ces Italiens se sont acclimatés sur notre sol. Sont-ils arrivés parce qu'ils étaient las de subir les continuelles vexations de partis politiques animés de l'esprit de vengeance, ou parce qu'ils espéraient trouver en France la fortune, on ne saurait le préciser.

Par la suite, lorsque ces familles eurent conquis honneurs et richesses, des généalogistes, désireux de flatter quelques-uns de leurs amis et de leur donner le lustre qui s'attache à la qualité de proscrit, ont assuré l'origine florentine ou romaine de maintes familles dont les ancêtres auraient été exilés, mais il faut se garder d'adopter sans contrôle les affirmations de ces généalogistes. Ainsi que le fait remarquer ironiquement un auteur provençal, la ville de Marseille regorge de familles « d'une noblesse débarquée : les unes se font venir de Naples, de Sicile et de Florence, d'autres de Gênes, de Venise et de Milan, la plupart sans en rapporter aucune sorte de preuves ».

Ces réserves faites, on doit admettre avec un impudent auteur du xviie siècle que « le bruit des factions civiles des républiques de l'Italie a déserté plusieurs braves de cet état, lesquels ont préféré les lauriers étrangers à cette couronne tumultueuse qui faisoit plus d'ambitieux que de conqué-rants »[1].

Ayant indiqué certains des motifs psychologiques qui ont pu inciter des Italiens, proscrits ou non, à s'acclimater en France, il resterait à marquer les raisons politiques qui les ont aussi poussés à s'établir sur notre sol. De beaucoup, ce sont les plus importants, mais également les plus complexes; pour les analyser, il faudrait redire les rapports étroits de la royauté et des grands feudataires avec Gênes, Naples, Florence, Venise ou Milan. Déjà, des études partielles et captivantes ont retracé les relations de ces républiques avec la France et montré

---

[1]. L'Hermitte de Soliers, *La Toscane françoise*, Arles, 1658; notice sur Giovanni.

les sympathies que, depuis Charlemagne, considéré dans la péninsule comme le véritable fondateur du parti guelfe, nous avions acquises pendant plus de six siècles.

Dans toute cité italienne il existait un parti français[1], maintes fois celui-ci se compromit dans les luttes contre les Gibelins ou contre d'autres factions que nous ne soutenions pas ; aussi, lorsqu'un de nos princes descendait en Italie, des membres de ce groupe s'attachaient à sa personne, par sympathie ou par crainte de représailles possibles ; ils le suivaient à son retour en France. En l'an 1301, par exemple, Charles de Valois, frère du roi de France, se trouvait en Italie ; les Florentins lui ayant demandé de mettre l'accord entre les Noirs et les Blancs, le prince français exila les Blancs et Dante avec eux. Cette mesure ne remédia pas aux discordes ; aussi, craignant de se voir exposés aux mêmes proscriptions, quelques Florentins suivirent en France Charles de Valois.

Continuellement, Florentins, Génois, Milanais ou Napolitains réclamaient l'appui de notre pays ; parfois même, comme les Génois, ils se donnaient à lui pour se reprendre ensuite, et les familles compromises aux yeux des partisans d'autres alliances n'avaient d'autre ressource que de s'abriter sur le territoire français ou provençal. Sans entrer dans de longs détails, on peut illustrer de quelques exemples l'influence de la politique sur l'immigration italienne en France.

Depuis l'époque à laquelle Charles d'Anjou, frère de Saint Louis, fut appelé par le pape Urbain IV à succéder au roi Manfred sur le trône de Naples, l'histoire de la maison d'Anjou se confond presque avec celle de l'Italie tout entière. Pendant les règnes de Charles Ier et de Robert, les rois de Naples apparaissent comme les véritables chefs du parti guelfe en Toscane, en Lombardie et dans les États pontificaux. Les Angevins s'immiscent dans les affaires de Florence qui se donne à eux pour dix ans, en 1326 ; à Gênes, où, sous l'influence des Grimaldi, Robert d'Anjou est désigné comme seigneur de la commune en 1318 et en 1324, les Angevins comptent de

---

1. Sur les sympathies des Italiens pour la France, voir Burckardt, *op. cit.*, t. 1, p. 113.

chauds partisans; il en est de même en Lombardie[1]. Cette
immixtion constante et souvent heureuse des maîtres de Naples
dans les affaires italiennes, capitale au point de vue politique,
n'a pas exercé une action moindre sur la vie économique de
leur royaume, écrit M. Yver; il aurait pu ajouter aussi qu'elle
eut une influence marquée sur l'immigration des Italiens en
Provence et en France. En effet, la domination des Angevins
à Naples subit fréquemment des éclipses; durant deux siècles,
leur autorité fut maintes fois contestée et l'histoire de leur
royauté n'est qu'une longue histoire de massacres, de meur-
tres, d'exils et de proscriptions. Vêpres Siciliennes, luttes des
Angevins et des Aragonais, querelles des Angevins avec les
princes hongrois, dissensions intestines constamment fomentées à la suite d'unions mal établies, de paix mal scellées, de
testaments de douteuse interprétation, assassinats de souverains, alliances politiques d'ennemis irréconciliables. en
apparence, tel est le bilan des événements qui se succédèrent
à Naples depuis le règne de Charles d'Anjou jusqu'au milieu
du xve siècle. Ces faits, par suite des alliances contractées
entre Angevins, Florentins, Lombards et Génois, eurent leur
contrecoup dans toutes les parties de la péninsule; nombreux furent les guelfes de Toscane, de Ligurie ou de Lombardie qui imitèrent les Napolitains et vinrent, soit par
affection pour les Angevins, soit par intérêt ou crainte de
représailles, s'établir dans les domaines français des princes
auxquels ils s'étaient attachés. Ils imitaient en cela les Napolitains. Pour asseoir leur domination dans le royaume de
Naples et y maintenir leur prestige, les souverains de la
maison d'Anjou avaient fait passer dans leurs domaines italiens
plusieurs seigneurs français; ils avaient aussi comblé de
faveurs des nobles napolitains. Il s'était constitué à Naples un
parti d'hommes dévoués à la maison d'Anjou; aux heures
où certaines familles italiennes jugèrent trop compromettantes
pour leur sûreté les relations d'amitié qu'elles entretenaient

1. Yver, *Le commerce et les marchands dans l'Italie méridionale au XIII* et au XIV* siècle*, Paris, 1903. Le chapitre intitulé : *La prépondérance angevine en Italie*, p. 17 à 22,
constitue un substantiel résumé de la politique extérieure des Angevins.

avec les Français, elles émigrèrent sur les terres provençales. J'aurai l'occasion de mentionner plusieurs d'entre elles.

Les villes de Provence étaient déjà peuplées d'Italiens au moment où René d'Anjou descendit en Italie et ramena avec lui des amis et fidèles compagnons qui désertèrent Naples après la prise de la ville par les Aragonais; le roi René, au cours de ses descentes en Italie, recueillit non seulement des Napolitains, mais encore des Génois et des Florentins. Sa cour et ses États se transformèrent en une petite Italie; l'entourage de ce souverain laisse déjà prévoir celui de François Ier.

La première expédition de René d'Anjou vers le royaume de Naples fut marquée par une série d'entrées solennelles et de fêtes; après s'être arrêté à Gênes, où il fut brillamment reçu par la population, le souverain gagna Florence, où de chaudes réceptions lui furent ménagées. Au contact de ses hôtes aimables et hospitaliers, le goût des arts de la péninsule se développa dans l'âme du roi délicat; il s'éprit des fêtes somptueuses, des étoffes chatoyantes, il admira les élégantes peintures des maîtres toscans et les fines sculptures des artistes italiens. Dans le royaume de Naples, où il advint après s'être complu aux douceurs de la route, René prit contact avec les représentants du parti français, et quand, en 1442, les Aragonais s'emparèrent de Naples, quelques-uns des amis du roi séduisant gagnèrent avec lui les rivages de la Provence.

Parmi eux figurait Jean Cossa. Le roi connaissait Cossa depuis l'époque à laquelle il était venu lui mander que Jeanne II l'adoptait pour héritier. L'ambassadeur devint l'ami du souverain, le précepteur de son fils; auprès de lui il remplit des fonctions importantes : successivement général d'armée, grand sénéchal de Provence, Cossa demeura fidèle à René jusqu'à son décès, survenu en 1471. Son fils, Antoine, demeura au service de Louis XI et de Charles VIII; en 1496, le roi lui accorda une pension de 800 ducats d'or à prendre sur la confiscation des biens des rebelles du royaume de Naples.

Au nom de Cossa est lié celui de Francesco Laurana, car ce fut sans doute par ses soins que le célèbre sculpteur fut attiré en Provence. L'arrivée de Laurana marque une date importante dans l'histoire de l'art; en effet, de sa venue date l'apparition officielle des Italiens dans la sculpture française. Après avoir séjourné une première fois en Provence, cet artiste, dont le souvenir est lié aux principales œuvres d'art écloses au xv° siècle dans le sud-est de la France, était reparti dans son pays; il revint ensuite se fixer définitivement à Marseille, où il contracta alliance avec une fille du peintre Gentile le Vieux. De là, il se rendit à Avignon, sa fille s'y étant établie avec son mari, le peintre Jean de la Barre. Laurana n'était pas venu seul en France, un serviteur, Michel Dini de Médicis, l'accompagnait; le maître mort, Dini s'établit à Avignon.

La cour du roi René comptait d'autres Italiens moins notoires que Cossa et Laurana; des médecins originaires de la péninsule veillaient sur la santé des siens; son chapelain, messire Thomas, était italien; pour le roi et les filles d'atour de la reine, des artisans de l'Italie tissaient des vêtements brodés d'or. Mlle de la Jaille se parait des riches étoffes que fabriquait Renaldo Altovito. La bonté du roi s'étendait même aux filles de chambre italiennes de Mme d'Aiguille; en novembre 1477, il octroyait à « une pauvre ytalienne douze escus pour luy aider à marier »[1].

De toutes les acquisitions de population italienne que valurent à la France les expéditions du roi René aux rivages italiens, la plus importante fut celle d'une partie de la famille Doria, originaire de Gênes. Celle-ci fut amenée à passer en France à la suite des bouleversements continuels de la politique des Génois chez qui la versatilité des alliances occasionnait de constantes dissensions.

Les rapports amicaux de la France avec Gênes et avec quelques-unes des familles notables de la république étaient bien antérieurs aux expéditions de René d'Anjou en Italie. A des armateurs génois, Philippe-Auguste et Saint Louis avaient demandé leur concours pour transporter leurs troupes en Terre-Sainte. Philippe VI avait fréquemment fait appel au concours

---

1. Abbé Arnaud d'Agnel, *Les comptes du roi René*, passim.

des Génois dans ses luttes avec les Anglais; Ayton Doria, tué à Crécy, avait combattu pour la France soit à la tête de ses marins, soit à la tête d'arbalétriers italiens; Charles Grimaldi conduisit ses galères à l'attaque des côtes anglaises lorsque Édouard III, en 1338, projeta de débarquer en France; Pierre Barbavera, « grand pirate de mer, » avec les Génois et les Normands d'Huc Quieret et de Nicolas Béhuchet, avait accompli des descentes sur les côtes anglaises et les avait ravagées. Quelque cinquante années après ces exploits, Français et Génois effectuaient ensemble contre les Barbaresques de la côte d'Afrique une expédition à la suite de laquelle notre popularité s'était accrue à Gênes[1]. Les habitants de la république, las de révolutions au cours desquelles dix doges s'étaient succédé en moins de quatre ans, craignant les entreprises ambitieuses de Jean Galéas Visconti qui, parcourant l'Italie en vainqueur, cherchait les moyens de se soumettre Gênes, se placèrent sous la suzeraineté de la France; acceptant les conseils de leur doge Antoniotto Adorno, les Génois, par un traité conclu à la fin de l'année 1396, acceptaient la souveraineté de Charles VI, et le lieutenant général du roi, Saint-Pol, s'efforçait, mais inutilement, de pacifier le pays. Pendant quarante ans, les Génois furent ballottés entre divers partis.

Au cours de sa première expédition en Italie, René d'Anjou s'était arrêté à Gênes; les habitants de la ville, tenant alors pour la cause française contre la maison d'Aragon, ménagèrent une chaleureuse réception au souverain qui, le 15 avril 1438, entrait triomphalement dans la cité. René d'Anjou logeait au palais de Barthélemy Doria; il lia d'étroites relations avec plusieurs membres de cette illustre famille, dont beaucoup de représentants avaient déjà résidé en France. Lorsque René d'Anjou eut définitivement perdu Naples et qu'il songea, en 1453, à entreprendre une nouvelle expédition dans l'Italie méridionale, les Génois avaient abandonné la cause française, et seuls quelques nobles lui étaient demeurés fidèles. Parmi eux était Benoit Doria; le roi reconnut les services de ce

1. De la Roncière, *Histoire de la marine française*, t. II, p. 121. — E. Jarry, *Les origines de la domination française à Gênes*, Paris, 1896.

gentilhomme en lui accordant le titre de conseiller et en lui
octroyant la châtellenie de Brignolles.

La seconde apparition de René d'Anjou fut de courte durée;
durant les huit années qui la suivirent, les Génois changèrent
encore plusieurs fois de parti. Après s'être montrés favorables
à Jean d'Anjou, fils du roi René, que Charles VII avait envoyé
à Gênes comme lieutenant général, lorsque, pour mettre fin à
leurs nouvelles discordes, les députés de la république eurent
de nouveau offert au roi de France la suzeraineté de leur pays,
les Génois se révoltèrent en 1461. Ils bannirent les partisans
de la France, et ceux des membres de la famille Doria qui
avaient fait cause commune avec le roi René et son fils Jean,
durent prendre le chemin de l'exil [1].

La famille des Doria était l'une des plus anciennes, des plus
riches et des plus notoires de Gênes. Constamment en butte
aux persécutions politiques, quelques Doria étaient déjà passés
en France au XIVe siècle, et s'ils ne s'y étaient pas établis à
demeure, du moins avaient-ils généreusement payé l'hospitalité temporaire qui leur avait été donnée.

Ayton Doria, que j'ai déjà cité, prit part aux luttes de
Philippe VI contre les Anglais, il soutint la cause de Charles
de Blois contre Jean de Montfort, reprit ensuite du service en
France contre les Anglais et périt à Crécy. A raison de ses
bons offices, il avait obtenu des avantages commerciaux dans
des ports méditerranéens, des terres et des châtellenies en
Bretagne; sans doute aussi possédait-il des domaines à Paris,
mais son fils Antoine Doria, étant rentré à Gênes, chargea
Thomas de Garibaldi, avocat au parlement de Paris, de liquider
ses biens en France. Ayton Doria ne paraît pas avoir laissé de
postérité légitime dans le royaume; il en fut de même de tous
les Doria que l'on rencontre au XIVe siècle : Baude Doria,
amiral de Bretagne, Antoine Doria, ami de Louis d'Anjou et
ambassadeur de Charles V, Johannin Doria, capitaine de
cinquante-quatre archers de la compagnie d'Évreux, et de
nombreux autres Doria qui ne marchandèrent pas à notre

---

1. Labande, *op. cit.* J'ai utilisé l'ouvrage de cet auteur pour tout ce qui concerne
les Doria.

pays leurs sympathies, leurs peines et leur sang, mais regagnèrent l'Italie.

Encore que l'on rencontre à Marseille, à Arles, à Avignon, des Doria adonnés au négoce, il faut attendre la seconde moitié du xvᵉ siècle pour en voir fixer définitivement leur résidence à Marseille et à Avignon. Louis Doria, l'un des plus importants négociants et banquiers du xvᵉ siècle, également connu comme conseiller et chambellan du roi René et de son fils, le duc de Calabre, fut le premier Doria qui se fixa en Provence sans esprit de retour.

Compris dans les listes de proscription dressées à Gênes lors de la révolte de 1461, Louis Doria dut passer en Provence cette année même, car dès l'an 1462 on le trouve installé à Marseille. Tout en portant le titre de conseiller et chambellan du roi René, il exerça un commerce considérable de banque, de change et d'exportation. D'autres Doria l'avaient accompagné et comme lui, tant à Arles qu'à Avignon ou Marseille, ils fondèrent d'importants comptoirs.

Bientôt après son établissement en France, Louis Doria avait donné à ses affaires une telle ampleur qu'elles s'étendaient dans tout le midi de la France; aussi, dut-il s'associer des parents, des amis et des alliés qui avaient abandonné Gênes; il en attira même quelques autres en France. Son neveu, Lazare Doria; ses cousins germains, Lazare et François; Barnabe de Ponte, Baptiste de Ponte, ses alliés; Jean Chiavari; Mathieu, Manuel, Thomas de Grimaldi; Baptiste Spinola; Luc de Mari, argentier du roi; Louis Comitis, son serviteur; Nicolas de Comitis, Jean Speroni, furent les associés, les facteurs, les représentants et les commandités du grand banquier. Très généreux, Louis Doria fut le pourvoyeur de dots et de situations de tous les membres de sa famille ou de son entourage; il apparaît comme le chef d'une tribu de Génois établis dans le midi de la France, dont la postérité se perpétua et essaima en Provence, en Ile de France, en Picardie, en Bretagne et en Normandie.

En se fixant dans le midi de la France, la famille Doria retrouvait nombre d'Italiens qui s'y étaient eux-mêmes établis;

j'ai déjà cité nombre d'entre eux, il me reste à mentionner ceux que les diverses circonstances que j'ai tenté d'analyser ont incité à s'acclimater dans notre pays. Je ne puis les énumérer tous; beaucoup n'ont laissé aucune trace marquante de leur passage; d'autres au contraire se sont rapidement fait un nom, ont joué un rôle dès le xive siècle et leurs descendants se retrouvent à toutes les grandes époques de notre histoire nationale.

Nombreuses ont été les familles gênoises qui se sont acclimatées en France. En 1426, Adam de Vento, époux de Caracossa Doria, figure comme consul de Marseille; son fils, Perceval Vento, fut conseiller du roi René et plusieurs fois il lui avança des fonds. En 1464, Perceval Vento fut consul et gouverneur de Marseille. De son alliance avec Marguerite Uso di Mare, Perceval eut un fils, Jacques, qui reprit femme dans la maison Doria. Leur descendance demeura fixée à Marseille, et la famille Vento fut constamment mêlée à l'histoire de ce grand port. En 1531, Léonard Vento, fils de Jacques, fut viguier de la ville et en 1534 il en devint premier consul [1]; en des temps plus rapprochés de notre époque, on rencontre encore des Vento parmi les dignitaires et les notables de Marseille.

Les Grillo viennent de Gênes s'établir à Arles au xve siècle; ils sont fréquemment mêlés aux affaires des Doria; tout en s'adonnant au commerce, plusieurs membres de cette famille exercent des charges publiques : au xve siècle, des Grillo sont consuls d'Arles; au xvie, Valentin Grille sera consul, viguier perpétuel et capitaine pour le roi en la ville d'Arles. Les descendants de cette famille gênoise se répandirent dans le Midi, Antoine de Grille fut président de la Cour des comptes, aides et finances de Montpellier; sous Louis XIV, Charles de Grille était surtout connu sous le nom de seigneur de Robiac et d'Estoublon [2].

Gênois également étaient les Libertat. Barthélemy Libertat se

---

1. L'Hermitte du Soliers, *La Ligurie françoise.* — Artefeuil, *Histoire héroïque de la noblesse de Provence*, t. II, p. 489. — Labande, *op. cit.*, pp. 42, 49, 141-144.

2. L'Hermitte du Soliers, *La Ligurie françoise.* — Jacques Grille, marchand à Arles, est signalé en 1465 par M. Labande, *Les Doria en France*, p. 51.

fixa à Marseille au xv⁰ siècle, il s'y maria. Comme les Grille, il se livra au négoce et eut avec les Doria des relations continuelles. Barthélemy Libertat fut le grand-père « de trois Hercules françois qui donnèrent la chasse aux Gérions d'Espagne, exterminèrent la rébellion et rétablyrent l'authorité royalle dans la ville de Marseille ». C'est en ces termes pompeux que L'Hermitte du Soliers apprécie la conduite de Pierre, Barthélemy et Antoine Libertat qui, dans la nuit du 16 au 17 février 1596, livrèrent aux troupes du roi la ville de Marseille à l'heure où de despotiques consuls avaient formé le projet de la vendre aux Espagnols.

Les Vitalis, de Gênes, étaient divisés en deux clans; les uns étaient guelfes, les autres gibelins. Quand les Florentins se donnèrent pour dix ans à Charles, duc de Calabre, fils du roi Robert d'Anjou, Guibert Vitalis fut de ceux qui l'accompagnèrent lorsqu'il se dirigea vers Florence pour en prendre le gouvernement. Cette branche des Vitalis s'attacha aux Angevins; après avoir figuré dans l'armée de René d'Anjou lors de son expédition de Naples, Jean de Vitalis revint en Provence avec son souverain. Il fut le père de Camille Vitalis, qui s'illustra à Fornoue avec Trivulce et Sacco[1].

Comme la république de Gênes, le royaume de Naples a donné à la France plusieurs familles. Si je n'insiste pas sur Antonio de Casalortio, jurisconsulte, juge de la baronnie de Mévouillon, qui au xiv⁰ siècle figure dans les états de répartition des impôts de Sisteron[2], c'est pour en arriver plus rapidement à certains Napolitains connus. La famille Arcussia avait suivi Jeanne Iʳᵉ lorsqu'elle se retira en Provence; rentrée à Naples, elle revint se fixer définitivement en France. En 1390, François d'Arcussia est qualifié à l'assemblée des États du pays sous les noms suivants : François d'Arcussia de Capro, comte d'Haute Meure et de Menerbin, seigneur de Tourves. Les descendants de ce haut seigneur demeurèrent fidèles à la maison d'Anjou. Jacques II d'Arcussia

---

1. De Maynier, *Histoire de la principale noblesse de Provence*, 1719, p. 285.
2. De Laplane, *Essai sur l'histoire municipale de la ville de Sisteron*. Pièces justificatives, p. 200.

figure parmi les familiers de Louis II d'Anjou ; son fils acquit du roi René la terre des Aiguilles. Pour avoir composé un traité de fauconnerie, Charles d'Arcussia obtint une certaine notoriété. Au xvie siècle, Jean d'Arcussia, conseiller au parlement d'Aix, embrassa le parti de la Ligue [1].

C'est de Naples que vinrent en France les Ruffi, anciens propriétaires des comtés de Cantazaro et de Sinopoli. Ils s'étaient attachés à Charles Ier qui les avait récompensés par des dons de terres dans la Haute Calabre. Un de leurs descendants, Charles Ruffi, suivit Robert d'Anjou en Provence ; les membres de cette maison furent toujours fidèles aux Angevins ; Louis de Roux fit partie des trente-huit seigneurs de Provence qui résistèrent aux entreprises de Duras, quand celui-ci s'efforça de détrôner Louis Ier. Depuis le xve siècle, les Ruffi sont demeurés en France sous leur nom de de Roux.

Parmi les familles dont le nom appartient à l'histoire de France, celle des Brancas est des plus notoires. Les Brancaccio, Napolitains tout dévoués à Louis II d'Anjou, suivirent ce prince en France lorsqu'il fut obligé de céder son royaume à Ladislas de Hongrie. Triglion, Marin, Nicolas, Philippe et Buffile Brancaccio accompagnèrent Louis II en Provence. Buffile Brancas acquit promptement des domaines aux diocèses de Digne et de Sisteron. Son testament, daté de 1416, nous révèle qu'il comptait sept enfants légitimes ; les uns entrèrent dans les ordres : Pierre-Nicolas de Brancas fut archidiacre d'Autun et de Limoges ; Nicolas devint évêque de Marseille. Jean fut écuyer de René d'Anjou et épousa une Française de la maison d'Agoult. A la fin du xve siècle, la maison de Brancas était solidement implantée en France ; elle ne devait plus en sortir [2]. Les Brancaccio ont été la tige de maintes maisons nobles et leurs descendants ont fourni à la France des évêques, des amiraux, des maréchaux et d'autres dignitaires [3].

---

1. De Maynier, *op. cit.*, p. 55.

2. Pithon-Curt, *Histoire de la noblesse du Comté Venaissin d'Avignon*, 1743, t. I, p. 200. — Père Anselme, t. VI, notice sur les Brancas.

3. Henri de Brancas, évêque de Lisieux en 1714 ; Jean-Baptiste Antoine, évêque de la Rochelle (1725) et archevêque d'Aix (1729). André de Brancas, sieur de Villars, dit l'amiral de Villars, ligueur. Louis, marquis de Brancas, maréchal de France au xviiie siècle.

Les Craponne de Naples sont surtout connus à partir du xvie siècle, mais il semble, d'après quelques documents, que certains membres de cette maison résidaient déjà en Provence vers le premier tiers du xve siècle. Un acte du 24 octobre 1427 porte donation en faveur de Jean de Craponne des droits et los du premier fief noble qu'il pourrait acquérir en Provence. Cette donation lui aurait été consentie par les Angevins à raison de services rendus et à la prière de son oncle, évêque de Sisteron [1].

C'est de Naples que sont sortis les Scudieri. On les rencontre en Provence dès 1320. Jean de Scudéry est gouverneur de Sisteron en 1360 ; une lignée de Scudéry demeure dans les régions où s'était primitivement établi le chef de la famille [2]. Thomas, fils de Jean, eut deux fils qui continuèrent la descendance de cette famille, dont Mlle de Scudéry est originaire.

De Florence et de la Toscane, il est venu en France de si nombreuses familles qu'on ne peut les énumérer toutes. Déjà, j'ai dit quelques mots des marchands florentins qui s'installèrent dans les cités où il était possible de s'enrichir ; il n'est localité où on ne les rencontre. A Die, en 1321, on relève le nom de Gérard Rustiquel [3]. A Sisteron, les frères Cassini, de Florence, sont propriétaires fonciers dès le xive siècle ; très rapidement il s'incorporent à la population. Tandis que sous les règnes des fils de Henri II, des Italiens de marque, gavés par Catherine de Médicis, regagneront leur pays, on ne voit pas repartir, au xve siècle, les Toscans de haut lignage qui s'établissent en France, jettent les bases de colonies puissantes et sont les premiers pionniers du parti florentin. Tous ceux auxquels il sera consacré quelques lignes se retrouvent en France au cours des âges, beaucoup perdent leur nom ou donnent à leur patronymique une allure de terroir, ils font souche d'excellents Français.

Parmi les Toscans et les Florentins qui passèrent en Provence à la suite des princes de la maison d'Anjou, on relève plusieurs

1. L'Hermitte du Soliers, *Naples françoise*, vo Craponne.
2. L'Hermitte du Soliers, *L'Italie françoise*, vo Scudieri.
3. *Cartulaire de la ville de Die*, p. 81.

familles importantes. Philippini de Boche avait suivi Charles
d'Anjou à Naples ; son fils Rixendis accompagna Robert Ier dans
ses États de Provence ; en 1327, il est clavaire d'Arles ; Jean
son fils s'établit à demeure en France ; bientôt deux branches
différentes de la maison se fixent l'une à Arles, l'autre à Baux.
Les Boche, au xvie siècle, prennent part à la majeure partie
des guerre d'Italie, ils jouent un rôle pendant la Ligue. Au
moment où la ville d'Arles entre en composition avec le
connétable de Montmorency, un descendant de Rixendis
Boche, âgé de dix ans seulement, sera pris comme otage par
le connétable ; plus tard, comme gouverneur et consul d'Arles,
il aura l'honneur de recevoir Louis XIII dans cette ville [1].

Les Joanni de Florence furent aussi dévoués aux Angevins
que les Boche. Johanni Joanni avait suivi Louis II à Naples ;
lorsque Charles III de Duras se fut emparé du trône et eut
obligé Louis II à revenir en France, Johanni y rentra avec
lui ; il fut ensuite secrétaire de Louis III et de René, son
frère et successeur. Plusieurs branches de cette famille florentine ont essaimé dans les provinces méridionales françaises [2].

Gibelin était Azuccius Arrighetty ; banni de Florence il
se retira en France. Son fils Pierre fut premier consul de
La Seyne en 1346 ; le 1er janvier 1353, il y fonda l'hôpital
du Saint-Esprit. Robert de Provence le fit capitaine et châtelain
de cette ville. Les descendants d'Arrighetty, surtout connus
sous le nom de Riquetti, demeurèrent fidèles à la Provence ; à
toutes les époques, ils sont mêlés à l'histoire de cette province.
Mirabeau, le grand orateur de la Révolution, se rattache
directement à la famille des Riquetti [3].

Les Pazzi sont venus à Avignon à deux reprises différentes.
En 1380, soit à la suite d'une proscription, soit par amitié
avec les princes de la maison d'Anjou, Agulfe de Pazzi s'établit dans la cité des papes avec ses deux enfants. Louis son fils
épousa Alizette de Brancas, fille naturelle de Buffile Brancas, et
fit souche dans le Comtat ; sa seconde fille épousa Jacques de

1. De Maynier, *Histoire de la principale noblesse de Provence*, 1719, p. 76.
2. De Maynier, *op. cit.*, p. 171.
3. D'Hozier, *Armorial général*, nouv. édit., v{e} Registre.

Panisse, de Lucques, résidant à Avignon. En s'installant dans le Comtat ou en Provence, les Italiens trouvaient déjà suffisamment de compatriotes fixés dans ces provinces pour pouvoir établir leurs enfants dans des familles sorties de la péninsule. Le pays était peuplé d'Italiens, et préludant aux habitudes que devaient contracter les souverains français du xvie siècle, c'était souvent parmi les étrangers que les princes de la maison d'Anjou choisissaient leurs fonctionnaires et les dignitaires de leur cour ; n'ayant pu faire Naples française, ils s'efforçaient de transformer la Provence en petite Italie. C'est ainsi, par exemple, que René d'Anjou comptait dans son entourage plusieurs Italiens ; j'ai déjà cité Cossa et quelques autres, on peut encore joindre à ces noms ceux de Jacques de Passis, qui, en 1468, était maître d'hôtel de René d'Anjou[1] et de Jean Brancaccio, qui était son écuyer.

La plus puissante des conspirations fomentées contre les Médicis fut, en 1478, celle des Pazzi ; elle avorta, mais on sait quelles terribles vengeances exerça contre les conjurés Laurent de Médicis après avoir échappé au sort de son frère. Les armes des Pazzi furent effacées de tout édifice public ou privé, le carrefour de Florence appelé *Canto dei Pazzi* perdit son nom maudit et il fut décrété que quiconque s'allierait à cette famille serait à tout jamais privé de ses offices ou dignités. C'est encore vers Avignon que les Pazzi se retirèrent après l'échec de leur conjuration ; puis ils essaimèrent à Lyon, où ils tinrent banque ; d'autres demeurèrent dans la région de Carpentras, et au xixe siècle, on rencontre encore de leurs descendants[2].

Après sa rentrée triomphale à Florence, en 1434, Cosme de Médicis donne libre cours à ses vengeances et à sa haine contre ses adversaires. Non content de les proscrire, il entreprend de les déshonorer ; sur le palais du Podestat, il les fait peindre au naturel, pendus par les pieds, et des vers infâmes

---

1. Pithon-Curt, *op. cit.*, t. II, notice sur les Pazzi.

2. Perrens, *Histoire de Florence*, Paris, 1888, t. Ier de la seconde partie, pp. 374 à 400. — Comte de Charpin-Feugerolles, *Les Florentins à Lyon*, Lyon, 1894, v° Pazzi. — L'abbé Maximin Roc des Seguins dit Maxime des Passis, écrivain du xixe siècle, né à Carpentras, était un descendant des Pazzi.

sont répandus sur le compte des proscrits. Andrea del Castagno d'abord, Sandro Botticelli plus tard, se chargent de ces louches besognes. « Voleurs, ruffians, ribauds » sont les épithètes qu'on accole au nom des Peruzzi.

En 1438, Louis Peruzzi, son fils, François et Jean, ses deux neveux, se retirent à Avignon. Les seigneurs de Longy, de Baron, les barons de Lauris, les barons de Barles descendront de cette famille d'exilés; les Perussis, de leur nom francisé, firent souche en Provence, et au xvie siècle, un de leurs descendants, Louis de Perussis, acquit un nom dans les lettres françaises [1]; François de Perussis, baron de Lauris, devint président au parlement de Provence.

Les Anselmi avaient précédé à Avignon les Peruzzi; chassé de Florence, Bernard Anselmi avait gagné le Comtat avec ses trois fils, Jean, Charles et Pierre [2]. Les seigneurs de Blarvac dans le Comtat et ceux de Joanas dans le Vivarais sont issus de ces émigrés.

Les Gallieni, auteurs des seigneurs des Issars [1], les Chiavari [2], les Venerosi, vinrent de Florence en France au xve siècle; d'autres familles, originaires de diverses régions de l'Italie, passèrent également les monts à la suite de la maison d'Anjou; la Provence et le Comtat recueillirent encore la majeure partie de ces immigrants.

En 1360, Antonio Albertazzo, originaire du Montferrat, passe en France; il se fixe à Apt en Provence. Quand Raymond de Turenne veut surprendre la ville, Albertas compte au nombre de ses défenseurs. De son mariage avec Alacéte de Simiane, Antonio Albertazzo n'avait pas eu d'héritier; il institua comme successeur son neveu Jean, qu'il avait fait venir près de lui; Catherine de la Roque, femme de Jean Albertas, eut une postérité nombreuse qui essaima en France [3].

---

1. Sur les Peruzzi, cf. Pithon Curt, *Histoire de la noblesse du Comté Venaissin*, 1743, notice spéciale. — E. Picot, *Les Français italianisants au XVIe siècle*, Paris, 1907; t. II, p. 33, notice consacrée à Louis de Perussis.

2. Pithon-Curt, *op. cit.*, t. Ier, p. 498.

3. L'Hermitte du Soliers, *L'Italie françoise.* — Artefeuil, *Histoire de la noblesse de Provence.* — De la famille Albertas sont sorties les maisons de Villecrose, de Ners, de Gemenos, de Saint-Maime et de Jougues.

Les de Cormis, de Lombardie, arrivèrent en Provence avec Charles Ier. On les retrouve mêlés à tous les faits et gestes de la maison d'Anjou. Artus Ier est baron et syndic d'Aix en 1368; Artus II est au nombre des conseillers du roi René [1].

Les révolutions de Pérouse ont amené une branche de la famille Baglioni à s'établir en France. La confiscation des biens de ses parents, l'exécution de son père et son propre bannissement forcèrent Michele Baglioni à se retirer à Avignon, auprès de Clément VII. Profitant du passage de Louis Ier, duc d'Anjou, dans cette ville, il s'attacha à sa fortune et l'accompagna à la conquête du royaume de Naples. Après la mort de Louis Ier, en 1384, Michele Baglioni fut écuyer de Louis II, et des mains de ce prince, qui était comte du Maine, il reçut un établissement dans la baronnie de Mayenne. Grâce à l'initiative ducale, Michele épousa, avant 1400, Ysabeau de Surcoulmont et son installation, près de Mayenne, dans la paroisse du Grand Oisseau fut dès lors définitive. Cette branche de la famille des Baglion de la Bufferie s'est succédé jusqu'à nos jours et parmi ses descendants la France a compté de multiples serviteurs qui, à maintes reprises, ont versé leur sang pour le roi [2].

La terre de France est douce, et volontiers on y établit son foyer. Pellegrin Brunelli, originaire de Vérone, commença sa carrière comme gentilhomme de Martin V; il fut ensuite viguier d'Avignon et ambassadeur en France. Ayant, en 1433, contracté mariage avec Coline de Pomerols, de Carpentras, il se fixa dans cette ville [3]. Un peu plus tard, Pierre de Valetariis, évêque de Carpentras, fit venir de Quiers, en Piémont, la famille de Ceps qui abandonna l'Italie pour s'établir à Cavaillon et à Avignon [4].

Depuis la prise de possession du Comtat Venaissin par les souverains pontifes, les évêchés de Carpentras, de Cavaillon et de Vaison furent presque toujours administrés par des Italiens,

1. De Maynier, *op. cit.*, notice sur la famille de Cormis.
2. Comte Louis de Baglion, *Pérouse et les Baglioni*, Paris, 1909, p. 484 et s.
3. Pithon-Curt, *op. cit.*, v° Brunelli.
4. *Ibid.* — Pierre de Valetariis, neveu de Sixte IV, fut évêque de Carpentras de 1482 à 1514.

parents, alliés ou amis des papes. Les titulaires de ces évêchés
agirent fréquemment comme Pierre de Valetariis, ils procuraient des situations à leurs proches qu'ils appelaient d'Italie;
au xvɪᵉ siècle, les évêques italiens qui occuperont des sièges en
France n'agiront pas autrement. Ainsi, à la population autochtone des régions soumises à la souveraineté pontificale, se
sont mêlés de nombreux étrangers. Les uns cherchaient un
refuge dans les États pontificaux, les autres y venaient délibérément, puis après un séjour plus ou moins prolongé, beaucoup passaient dans le royaume. Pour cette raison, on rencontre dans des provinces éloignées du Comtat des familles
d'origine italienne pour lesquelles Avignon et les domaines
pontificaux ne furent qu'un gîte d'étapes.

Bien qu'elles aient eu sur l'immigration des péninsulaires
une action moins immédiate que les rapports de la maison
d'Anjou avec le royaume de Naples, les relations des ducs
d'Orléans avec le Milanais déterminèrent cependant un courant d'infiltration italienne dans les États de ce prince.

Le mariage de Louis d'Orléans avec Valentine de Milan avait
développé à sa cour le goût de l'italianisme; Louis d'Orléans,
lorsqu'il passa les monts, connut le luxe des cours méridionales; à son retour, il introduisit dans la sienne ce qui pouvait
encore lui manquer à cet égard[1]. Valentine avait importé en
France modes et usages de son pays; avec elle étaient passées
en France des familles italiennes; celle des Angossoli — des
Angoissoles — était du nombre. Les Angossoli s'établirent à
demeure dans le Blésois; l'une des filles de cette famille,
Catherine d'Angoissoles, épousa Renier Pot; de ce mariage,
naquit Gui Pot, comte de Saint-Pol, poète et courtisan aveugle
de Louis XI, dont le tempérament raffiné, artiste et intrigant
fut sans doute l'héritage de sa mère italienne[2].

Que subsista-t-il à Blois de ce luxe italien après l'assassinat
du prince, on ne saurait le dire exactement; mais ce que l'on
peut affirmer, c'est que Charles d'Orléans, après son expédition

---

1. Émile Colas, *Valentine de Milan, duchesse d'Orléans*, Paris, 1911, p. 136.
2. J. Soyer, Guy Trouillard, Joseph de Croy, *Cartulaire de la ville de Blois*, Blois,
1907, p. 412.

dans le Milanais, s'efforça de le faire revivre en partie et ramena avec lui des compagnons italiens.

Quand décéda Filippo Maria Visconti, à qui, pendant la captivité de Charles d'Orléans, s'étaient donnés les Astesans, il désigna pour son successeur le roi d'Aragon au lieu et place de son neveu Charles d'Orléans. Le père de Louis XII descendit en Italie pour disputer l'héritage maternel à Francesco Sforza qui, au mépris de tous droits, s'était emparé du duché de Milan. Son expédition ne réussit pas et Charles rentra en France, léguant à son fils des droits sur un pays qu'il n'avait pu reprendre de vive force. Avec lui, le duc d'Orléans ramenait quelques Italiens qui vécurent à sa cour de Blois. Benoist Damien était probablement au nombre de ceux-ci; il fut trésorier du duc, et plusieurs membres de sa famille entrèrent dans l'administration du prince. Damien ordonnançait les émoluments attribués à Nicolo et Antonio, calligraphes et poètes qui distrayaient le duc âgé mais toujours soucieux de poésie et courtoises discussions[1]. Charles d'Orléans aimait la compagnie des Méridionaux aimables. Ollivier de la Marche rapporte que le duc, étant venu à Chalon-sur-Saône assister au *Pas de la Fontaine de Plours*, était entouré de « François, Ytaliens, Provençaux ou aultres dont il y avoit plusieurs grans, gorgeas et honnestes personnaiges à la cour du duc d'Orléans »[2].

* *

La question de la repopulation de la France n'est pas nouvelle. Sous l'ancien régime, maintes causes contribuaient à amoindrir le nombre des habitants du pays. Les guerres, l'émigration des régnicoles beaucoup plus prononcée qu'on a coutume de le penser en se basant sur ce principe généralement admis que le Français n'aime pas à s'expatrier, les maladies contagieuses, comme la peste, qui décimait parfois

---

1. Pierre Champion, *Vie de Charles d'Orléans*, Paris, 1911, p. 136.
2. Ollivier de la Marche, *Mémoires*, édition de la Société d'histoire de France, t. III, p. 178.

des régions entières, sont parmi les raisons principales de la diminution de la population. Dès le xve siècle, certains villages étaient vides, il fallait pourvoir aux besoins de l'agriculture et du commerce; pour donner aux localités une existence nouvelle, on devait parfois faire appel aux populations étrangères. L'Italie fut souvent mise à contribution pour nous fournir des colonies de peuplement.

La paroisse de Pontevès était dépeuplée *longissimo tempore*, disent les textes, lorsque le roi René autorisa Bertrand de Pontevès à recruter de nouveaux vassaux. Entre ce seigneur et les délégués de la communauté de Montegrosso, au diocèse d'Albenga, intervinrent des conventions aux termes desquelles des Italiens devaient venir habiter le village reconstruit. L'acte relatif à l'arrivée de ces forains date du 25 avril 1477 et comporte pendant vingt ans une exemption de taille pour les nouveaux habitants. Cette faveur leur fut confirmée par Charles VIII, en 1484, après la réunion de la Provence à la France.

Saint-Tropez du Var fut également repeuplée par les Génois ainsi que la petite ville de Vitrolles-lez-Luberon, au diocèse d'Aix, Gaucher de Brancas, seigneur de Creste et de Vitrolles, avait été obligé de recourir lui aussi à des Italiens pour repeupler ses domaines; par un acte du 20 mars 1504, de grands avantages furent accordés « aux fidèles et probes étrangers » qui avaient nom Gilli, Franconi, Boranti, Boneti et Rogeri.

C'est encore à des colons de la péninsule qui vinrent repeupler la vallée du Rhône au xve siècle que l'on doit de rencontrer fréquemment des noms de famille d'origine italienne portés par les habitants de la région. Les Amodieu, Aimedieu, Amourdedieu, et des patronymiques de même formation se rencontrent à Saint-Nazaire du Var et dans le canton de Saint-Peray [1].

Pour faciliter la repopulation de certaines villes du Midi, les consuls avaient le droit d'appeler des étrangers dans leur cité et de leur conférer la qualité de citoyen ; les consuls d'Apt usèrent parfois de cette faculté ; à Sisteron, les consuls décidè-

---

1. R[oger] V[alentin] C[heylard du], *Notes historiques sur Sanary (Var)*, Montélimar, 1914, p. 42.

rent, le 20 novembre 1390, que pour combler les vides occasionnés par les guerres, on donnerait à tout forain qui viendrait s'établir avec ses biens le titre de bourgeois de la ville aussitôt qu'il aurait prêté serment de fidélité[1].

Au xve siècle, l'Albigeois étant appauvri et dépeuplé, on fit appel aux populations étrangères pour rendre au pays quelque activité[2]. L'ancien régime eut souvent recours au système des colonies de peuplement pour parer à la dépopulation de certaines régions. Les Italiens, qui, au xixe siècle, eurent également recours au service des étrangers pour mettre en valeur des provinces méridionales dépeuplées à la suite d'une trop forte émigration, profitèrent jadis des facilités qu'on leur octroyait pour venir se fixer en France. La *Riviera* de Gênes paraît avoir fourni plusieurs de ces colonies de peuplement et des familles isolées de cultivateurs ou d'artisans sollicitèrent fréquemment des lettres de naturalité pour avoir le droit de vivre paisibles sur la terre de France[3].

V

A la mort de Charles VII, la terre française avait déjà reçu d'Italie des éléments variés de population transalpine : Lombards et Florentins établis dans les cités célèbres par leurs foires, exilés volontaires ou proscrits, colons, médecins, professeurs. Néanmoins, si l'on excepte quelques villes commerçantes, les ports de la Méditerranée et diverses cités provençales ou sises sur les domaines pontificaux, nulle part, au centre du royaume ne s'était encore constituée une colonie italienne véritablement prospère. A la faveur de quelques mesures, Louis XI fut le premier souverain français qui attira au cœur de la France des groupes importants de péninsulaires.

Louis XI reconnaissait aux Italiens des qualités, il appréciait leur savoir-faire, leur initiative commerciale et, tout bourgeois qu'il se prétendait être, il ne dédaignait pas leur

---

1. De Laplane, *Essai sur l'histoire municipale de la ville de Sisteron*; délibération du 20 novembre 1390, publiée p. 113.
2. *Inventaire des Archives municipales de la ville d'Albi*; Introduction, p. 58.
3. *Catalogue des Actes de François Ier*, v^o Naturalité.

sens artistique développé. Maintes fois, il eut recours aux
services de ces étrangers. S'il donnait à Lucifer les Génois qui
voulaient se donner à lui, il ne vouait pas au diable tous les
Italiens ; quand il pouvait tirer parti de leurs conseils, de leur
habileté sagace, Louis XI utilisait les aptitudes des forains.
Dans son entourage immédiat on rencontre plusieurs Italiens.
J'ai déjà mentionné son médecin Cato ; à sa cour, on retrouve
également quelques-uns des serviteurs et amis de René d'Anjou
qui, leur souverain étant décédé, travaillèrent pour le roi de
France ou s'attachèrent à sa personne. Pour Louis XI, Laurana
exécuta un médaillon représentant le roi coiffé d'un chapel
de fourrures [1], mais il ne demeura point à la cour, il se retira
à Avignon. Au contraire, Boffile le Juge devint son ami et un
conseiller. L'existence de ce Napolitain fut mouvementée.
Il semble avoir été ramené de Naples par le roi René ; celui-ci
étant mort, Boffile entra au service de Louis XI, il prit une
part active à la conquête du Roussillon dont on le retrouve
gouverneur en 1475.

Serviteur dévoué au roi, Boffile reçut en récompense le
comté de Castres. En 1477, Louis XI réclamait instamment
du pape le déplacement de Jean d'Armagnac, évêque de
Castres, frère de Jacques, duc de Nemours ; Jean d'Armagnac
comme son frère était un adversaire et un ennemi du roi ;
pour le punir, Louis XI avait confisqué son domaine temporel,
et en avait confié l'administration à Boffile le Juge. Ce Napolitain, qui avait pris femme en France en la personne de Marie
d'Albret, sœur d'Alain, jouit d'une grande faveur pendant le
règne de Louis XI, mais il paraît être tombé en disgrâce au
temps de Charles VIII [2].

Lorsqu'il réunit la Provence au royaume, Louis XI accepta
les services des Italiens familiers du roi René. Jean Cossa
marqua à son nouveau maître un dévouement égal à celui
qu'il avait montré à son ancien ami ; le souverain lui en

<hr>

1. Natalis Rondot, *Les médailleurs et graveurs de médailles*, p. 71.
2. Sur Boffile le Juge, cf. Perret, *La paix du 9 janvier 1478 entre Louis XI et la
république de Venise* dans Bib. de l'École des Chartes, t. LI, p. 123. — Lecoy de la
Marche, *La vie du roi René*, t. Ier, p. 350-1. — J. Vaesen, *Lettres de Louis XI*, édit. de
la Société d'histoire de France, *passim*.

fut reconnaissant; Cossa mort, Louis XI prit sous sa protection sa fille Louise, veuve de Francisque de San Severino; il défendit les intérêts qu'elle avait encore en Italie [1].

Pour ses ambassades auprès des princes ou des grands de la péninsule, Louis XI utilisait déjà des Italiens. Lorsqu'en 1478 il envoya aux Florentins une mission chargée de prêcher le rétablissement de la paix, si nécessaire à tous à raison des menaces des Turcs, il choisit des docteurs et professeurs italiens établis en France; parmi les membres de cette ambassade figurent Antoine de Tornussio, juge ordinaire de Carcassonne et Jean Berberi, professeur de droit canon et de droit civil [2]. Les traductions de documents italiens, la correspondance constante que Louis XI échangeait avec les seigneurs d'outre-monts étaient faites à la cour par des secrétaires parfois choisis parmi des péninsulaires. Alberto Magalotti, — Albert Magalot, comme le désignent certains documents, — était secrétaire de Louis XI; dans une lettre du 31 janvier 1483 adressée à Laurent de Médicis au sujet de Jacques d'Armagnac, le roi appelle cet Italien son conseiller. Nombreuses sont les correspondances de Louis XI signées par Magalotti [3].

Dès le xvᵉ siècle, l'art de dresser, de soigner et de monter les chevaux était très développé en Italie; sous les règnes de Henri II et de Henri III, tout seigneur de France tiendra à honneur d'avoir près de lui un écuyer italien. Louis XI possédait déjà un « escuier d'escuierie », natif de « la comté d'Asti »; il avait nom Charles Caqueran. Fréquemment, cet écuyer se rendait en Italie quérir des montures; pour lui épargner des ennuis au cours de ses déplacements, son maître le recommandait au duc de Milan [4].

De tous les Italiens vivant dans l'entourage de Louis XI, l'un des plus notoires fut Jean de Candida [5], qui remplit

---

1. J. Vaesen, *Lettres de Louis XI*, éd. citée, t. IV, p 92: t. V, p. 219; t. VI, p. 46. Sur Louise Cossa, *ibid.*, t. V, p. 219.
2. J. Vaesen, *op. cit.*, t. VII, p. 201 ; lettre du 17 novembre 1478.
3. *Ibid.*, t. X, p. 62.
4. *Ibid.*, t. III, p. 304.
5. Léopold Delisle, *Jean de Candida*, dans Bib. de l'École des Chartes, t. LI, p. 310. — Couderc, *Jean de Candida, historien*; *ibid.*, t. LV, p. 564-7. — A. Michel, *Histoire de l'Art*, t. IV, p. 625.

auprès de lui le triple rôle d'artiste, de conseiller et d'historien. On connaît de lui des médailles et des sceaux gravés pour le roi et Briçonnet; de lui également on possède une histoire de France dont les débuts remontent à l'époque de Priam et qui se termine à la mort de Louis XI; l'auteur, dans son œuvre, glorifie la politique de celui qui l'avait courtoisement traité. Charles VIII continua ses faveurs à Jean de Candida qui exerça sur l'esprit du roi une assez grande influence pour le déterminer à faire venir des artistes italiens à sa cour; on a même donné à Candida le titre de « fourrier des Italiens » pour bien marquer la manière aimable dont il sut faire adopter ses compatriotes par son nouveau souverain.

En accueillant les services de quelques hommes originaires de la péninsule, Louis XI n'avait fait que suivre des errements habituels; ses prédécesseurs avaient souvent agi comme lui. On ne pourrait de ce seul chef avancer qu'il contribua à favoriser l'immigration italienne en France. Quelques décisions prises par lui eurent au contraire une influence prépondérante en la matière.

Les Florentins ont toujours été des banquiers et des négociants de grande envergure, c'est à leur esprit d'entreprise que la capitale de la Toscane dut sa prospérité croissante. Les nobles de Florence ne craignaient pas de déroger en se livrant au commerce; ils s'expatriaient facilement pour conquérir la fortune et dans l'organisation de leurs affaires, ils montraient de l'esprit de suite et de la méthode. Aussi bien qu'ils entreprissent la conquête pacifique du royaume de Naples, de la France, voire même de la Pologne, la réussite couronnait leurs efforts. Déjà, on les a vus se grouper en France pour pratiquer les « arts » du drap et de la laine et réussir à se faire protéger par les souverains. Vers le xve siècle, on retrouve dans divers centres des groupements de Florentins connus sous le nom de *nations*. Les négociants de Florence résidant à l'étranger s'associaient à l'instar des membres de la Hanse ou des Contractations espagnoles; ils formaient des *nations* analogues à celles que constituaient les étudiants. Ces groupements avaient généralement un caractère économique et religieux et l'on n'y pénétrait qu'après avoir promis d'en respecter les statuts dont la surveillance était confiée à des consuls, des procureurs et des trésoriers.

A Genève, ville célèbre par ses foires, les Florentins avaient, au xve siècle, constitué une nation, mais elle ne prospéra guère plus d'une douzaine d'années. Le roi Louis XI était soucieux de rétablir la prospérité dans un royaume que son habileté politique accroissait sans cesse. Le 8 mars 1463, par un édit rendu à Acqs, il créait à Lyon de nouvelles foires et autorisait les étrangers à y négocier et à y « tenir bancque ». A la suite de cet édit, les Florentins de Genève établirent à Lyon le siège de leurs affaires. Le 13 décembre 1466, ils passaient un traité avec les dominicains de Notre-Dame de Confort qui leur accordèrent la jouissance de leur grande chapelle et de quelques autres locaux; quelques jours plus tard, en janvier 1467, les Florentins, revisant leur statuts de Genève, les adaptaient aux circonstances nouvelles. Leurs constitutions, qui visaient l'organisation générale de la *nation florentine*, sa vie financière, ses rapports avec les pouvoirs publics en France et avec la Seigneurie de Florence, demeurèrent en vigueur jusqu'à l'année 1502. Quinze Florentins furent présents à l'accord signé en 1466 avec les religieux de Notre-Dame; parmi les plus notoires, on relève les noms de Francisquain et François Nory, ainsi que celui de François Caponi[1].

A ces premiers Florentins, d'autres s'agrégèrent rapidement, puisqu'en 1502, quarante-cinq noms figurent sur les listes des signataires des nouveaux statuts. Dès le temps de Louis XI, ces premiers fondateurs de la *nation florentine* étaient loin de représenter la colonie des Toscans établis à Lyon; beaucoup d'autres y tenaient comptoir et constituaient l'avant-garde de cette armée d'Italiens que devait accueillir plus tard la cité lyonnaise. Dans leurs travaux d'une savante érudition, le comte de Charpin-Feugerolles et M. Émile Picot ont relevé la présence de maints autres Florentins habitués à

---

1. Abbé A. Rouche, *La nation florentine de Lyon au commencement du XVIe siècle*, dans *Revue d'histoire de Lyon*, janvier-février 1912, p. 26.

Lyon dès le milieu du xvᵉ siècle. Faut-il rappeler quelques-uns de ceux qui figurent parmi les habitants dignes de mémoire de cette ville cosmopolite?

Au milieu du xvᵉ siècle, les Médicis possédaient à Lyon une succursale de leur banque; elle était gérée par Lionetto Rossi, beau-frère de Laurent le Magnifique. Louis XI leur empruntait de l'argent pour payer ses troupes mercenaires[1]. La famille Altoviti ayant passé en France s'était séparée en plusieurs branches; l'une, en 1465, s'était fixée à Marseille, l'autre s'était établie à Lyon. Avant même la conspiration de 1478, dirigée contre les Médicis par les Pazzi et qui valut à tant de Florentins la condamnation à l'exil, des membres de cette famille avaient fondé un comptoir sur les rives du Rhône; les Caponi et les Nazi leur étaient associés. Les Cambi, les Frescobaldi, les Plini, les Guadagni, les Buondelmonti, les Antinori[2], les Rucellaï[3] se rencontrent à Lyon dès le xvᵉ siècle, et, si l'on en croit les généalogistes, les del Bene, dont la postérité fut si répandue en France dans les siècles subséquents, auraient été établis à Lyon bien antérieurement au règne de Charles VII.

A l'époque où les Florentins commencent à envahir la place de Lyon, d'autres Italiens, établis dans la province, étaient déjà francisés; ils avaient suivi l'exemple de la famille Grolier[4]. Jérôme Grolier, originaire de Vérone, se rencontre à Anse près de Lyon dès le xiiiᵉ siècle; ses fils prennent part à la guerre des Albigeois et Étienne Grolier, père du célèbre bibliophile, était gentilhomme de Louis, duc d'Orléans, qui devint Louis XII en 1498. Jean, dont le nom est cher à tous ceux qu'intéressent les belles reliures, naquit à Lyon en 1479; il devait revoir le ciel d'Italie comme intendant général de l'armée française lors des expéditions de François Iᵉʳ.

---

1. Louis XI empruntait déjà de l'argent à Francisquin Nori et aux Médicis en 1466. J. Vaesen, *Lettres de Louis XI*, éd. citée, t. III, p. 43; lettre du 3 avril 1466.

2. Comte de Charpin-Feugerolles, *Les Florentins à Lyon*, notice consacrée à ces diverses familles.

3. L. Passerini, *Genealogia e storia della famiglia Ruccellaï*. Firenze, 1861, p. 119. Giovanni, fils de Paolo, né en 1403, mort en 1481, dirigeait une banque à Lyon.

4. Leroux de Lincy, *Recherches sur Grolier*. Paris, 1866, chapitre Iᵉʳ. De la famille Grolier sont issues les maisons de Belair; de Servières; du Soleil.

Si par son ordonnance Louis XI n'avait pas fondé la colonie italienne de Lyon, du moins avait-il donné une armature au groupement qui devait devenir au xvie siècle le plus riche et le plus prospère de tous ceux que la France a jadis connus.

Non satisfait d'avoir rendu à la ville de Lyon son ancienne splendeur commerciale, Louis XI aurait encore désiré y voir prospérer des industries nouvelles, et notamment celle du tissage des soieries. De longue date, nobles et bourgeois se plaisaient à se revêtir de riches et chatoyantes étoffes brodées, mais celles dont ils se paraient étaient importées par des marchands italiens qui à Troyes, à Lyon ou à Nîmes prélevaient sur leurs acheteurs d'importants bénéfices. Le commerce des soieries en France était presque exclusivement aux mains des Italiens; pour lui donner de l'activité et de l'ampleur, Charles V avait accordé, en 1366, des privilèges spéciaux aux péninsulaires qui se livraient au négoce des étoffes de soie à Nîmes et à Montpellier. Il n'existait alors aucun tissage en France; seuls quelques fabricants amenés par les papes travaillaient à Avignon. Voyant combien cette industrie rendait prospère leur ville, les consuls d'Avignon avaient, au xve siècle, encouragé les efforts de Catalani, de Johanni Rovano de Venise, ainsi que les établissements de François Roseri. Ce dernier et Jean Morinaci, grâce aux soins éclairés du consulat, avaient pu créer des ateliers qui étaient déjà en pleine activité au temps où Louis XI s'intéressait au développement des entreprises économiques dans le royaume.

Pour éviter le « grand vuidage d'or et d'argent » provenant des achats d'étoffes de soie, Louis XI s'efforça de créer en France l'industrie du tissage. Le 23 novembre 1466, il rendit une ordonnance par laquelle il organisait à Lyon une manufacture de soieries avec le concours d'artisans italiens. A diverses reprises, cette ordonnance a été reproduite par les historiens; ceux-ci ont également retracé les difficultés que le roi rencontra auprès de ses sujets et les raisons pour lesquelles Louis XI ne s'obstina point à faire le bonheur des Lyonnais malgré eux[1].

1. H. Clouzot, *Le métier de la soie en France*, Paris, s. d.; Pariset, *Histoire de la fabrique lyonnaise*, Lyon, 1901.

Ayant échoué dans ses entreprises auprès des habitants de Lyon, Louis XI se retourna vers les habitants de Tours, ville qu'il affectionnait grandement. Le 12 mars 1470, il écrivait à ses amés et féaux magistrats de Lyon de lui procurer d'habiles ouvriers italiens avec des « molins, mestiers, chaudières et autres choses nécessaires ». Après des pourparlers assez longs, les Lyonnais se décidèrent à adresser au roi les Italiens par lui réclamés : Hilario de Facio, Batista de Terri, Marco de Marcote, Andrea Stella, Rafaëllo de Prato arrivèrent à Tours accompagnés de Bastiarro de Lanigi, Maufrin de Carmignola, Marc de la Canave, teinturier. Avec eux venaient aussi Marquet de Venise, Jean de Carmogi et Balthazar de Seigne. C'était un sérieux élément de colons péninsulaires [1].

Les Tourangeaux reçurent avec difficultés les nouveaux venus ; Louis XI pour établir ces tisseurs ayant ordonné une taxe spéciale, les habitants de Tours protestèrent. Ne voyant pas le profit immédiat, ils se refusaient à délier les cordons de leur bourse ; le roi ne céda pas à ses sujets, il imposa les Italiens, qui se mirent à l'œuvre. Louis XI leur accorda des privilèges, il les déclara « naturelz et régnicoles, dispensés du droit d'aubaine et sans que pour ce, ils fussent tenus de prendre aucune lettre de naturalité ni payer finances ».

La manufacture de soieries créée par les Italiens à Tours eut des fortunes diverses, elle subsista jusqu'aux temps modernes, et fréquemment des Génois, principalement, furent appelés à collaborer aux entreprises des maîtres à tisser de la ville, surtout aux heures de difficulté. Ainsi fut fondée par la volonté de Louis XI une colonie italienne qui ne devait pas tarder à se développer en Touraine. Depuis Charles VII jusqu'à la mort du dernier Valois, les souverains français prirent l'habitude de résider sur les bords de la blonde Loire ; autour de Louis XII, comme à la cour de ses successeurs, artistes, diplomates, guerriers italiens se presseront en foule, et la présence de tant et tant de péninsulaires amènera commerçants, boutiquiers italiens à s'installer à Tours, à Amboise et à Blois.

[1]. Abbé Bosseb œuf, *Histoire de l'Industrie de la soie à Tours*, extrait du *Bulletin de la Société archéologique de Touraine.*

* *

Outre les Italiens établis en France, d'autres passèrent dans le royaume et laissèrent dans la population des traces de leur passage; ils venaient combattre sous notre bannière. Génois[1], Florentins, Napolitains suivirent des capitaines et des condottieri alliés ou stipendiés, dont, à maintes reprises, les souverains français utilisèrent le concours. Aussi, lorsque Charles VIII monte sur le trône, la France a déjà reçu un apport considérable de population italienne. Rapidement, les péninsulaires se sont acclimatés dans le pays, ils se sont fondus avec la population autochtone; ils ont préparé les voies aux Italiens que Charles VIII, Louis XII et les Valois recevront à bras ouverts, s'efforçant de faire la France italienne puisqu'ils ne réussissaient pas à constituer l'Italie française.

En même temps qu'ils nous apportent des éléments nouveaux de population, les Italiens des xive et xve siècles modifient les goûts et les habitudes des provinces où ils s'installent; des historiens de l'art ont constaté que la Renaissance italienne s'était propagée dans certaines régions avec une rapidité d'autant plus grande que les commerçants s'y étaient fixés plus nombreux[2]. Si ce renouveau artistique, littéraire et social s'est développé en France avec une spontanéité qui surprend, il est à supposer que l'importance de l'immigration italienne a contribué à l'éclosion du mouvement de la Renaissance. Les descentes en Italie des turbulents seigneurs qui accompagnaient Charles VIII et dont les impressions nous sont connues n'auraient pas suffi à modifier les conceptions françaises si, par une infiltration continue d'éléments transalpins, les habitants du royaume n'avaient déjà été touchés par la « grâce italienne ».

J. MATHOREZ.

1. Des Génois sont venus sous Charles V avec Arnoffe Spinart, Grégoire Us de Mer, Jehan Berengier, Mathé Sibo; des Florentins accompagnent Ghilini Tommaso sous Charles VI; des Napolitains passent en France au temps de Charles VII et de Louis XI. Ces exemples pourraient être aisément multipliés

2. Sur l'influence du commerce sur le développement de l'art italien, Koecklin et Marquet de Vasselot, *La sculpture à Troyes au XVI⁰ siècle*, Paris. — De la Roncière, *Histoire de la marine française*, t. III; *La Renaissance florentine à Dieppe*.

BORDEAUX. — IMPRIMERIES GOUNOUILHOU, RUE GUIRAUDE, 9-11.